捧 读

触及身心的阅读

我站在奥登一边

桑克 著

中国友谊出版公司

图书在版编目（CIP）数据

我站在奥登一边 / 桑克著. -- 北京 ：中国友谊出
版公司，2022.4

ISBN 978-7-5057-5454-6

Ⅰ．①我… Ⅱ．①桑… Ⅲ．①读书笔记－中国－现代
Ⅳ．①G792

中国版本图书馆CIP数据核字(2022)第061672号

书名	我站在奥登一边
作者	桑克
出版	中国友谊出版公司
发行	中国友谊出版公司
经销	新华书店
印刷	天津创先河普业印刷有限公司
规格	787×1092毫米　32开
	9.5印张　166千字
版次	2022年4月第1版
印次	2022年4月第1次印刷
书号	ISBN 978-7-5057-5454-6
定价	68.00元
地址	北京市朝阳区西坝河南里17号楼
邮编	100028
电话	（010）64678009

目 录

新鲜必要的治疗 *181*

〔代序：当谈起读书，我们还能想起什么〕

当我们谈起读书，还能想起什么？

我问自己。画面丰富，同时又是一片空白。

它们其实相辅相成，如果丰富是正面，那么空白就是侧面。

读书改变命运或者知识改变命运，可能如此，但是我并不能十分肯定。谁都知道，书是用来解惑的，但是它仍旧能够产生新的疑问。或许这就是创造或者通透的开始。

少年读诗非常容易理解，但是中年读诗就不容易，尤其是读现代诗。它看起来并不规整，内容或许因为隐秘而显得神秘或者晦涩。而我还偏偏写诗。

既然是人生应有之义，那么这些就无须再提。

中年读史似乎已成趋势，电视或者手机里历史的踪迹比比皆是。

我同样是历史书的爱好者，增加知识的同时，还可以去除之前看起来理所当然的想象所营造的不真实，比如魏晋是什么样子的，荀彧究竟是因忧病死于寿春还是因受赠空器饮药而卒——这些其实都是历史。它们与流布之说相互争论或者辩白，何况还有评书或者其他传说对真实历史无意或者有意的搅和，而我们这些人只不过是希望获得清晰的常识而已。

读书主要还是看兴趣。没兴趣而硬逼着读其实没甚意思。如果他兴趣浓郁，你就是拿鞭子赶，他也不会离开图书馆或者书房的。所以我见过书痴，因书而痴迷的人；也见过书盲，根本看不见书的人。人生本就百态，放在读书之事中同样如此。但是有一点必须强调，书中其实并无黄金屋或者颜如玉之类经世济务的工具，只有情感、道德或者其他修身之类的东西，或者仅仅是一种时间伴侣，如同陪伴咖啡的方糖或者奶精。

我是喜欢读小说的。除了中文系会考小说，任何人都觉得看小说并不实际。

非常对。读小说耗费的时间非常多，况且有的小说并无宏大意义，而仅仅提供生活细节或者单纯快感而已。我从来不劝人该读什么不该读什么。自由选择读物是和人本性相关的。当然读波拉尼奥的人更让人欢喜，或者读莎士比亚与穆旦的人。

但是朋友见面难免相互开书单，不仅书痴如此，喜欢分享的人同样如此。这几天在看商周出版公司出版的《写作风格的意识》。这是一本关于英语写作和语法指南的书。一个朋友强烈推荐，我耳顺就买了，果然爱不释手，一副疯疯癫癫的样子，仿佛它是一本畅销小说。

有时细想，人这辈子即使时刻看书也看不了多少本，而有的书却看过多遍甚至十几遍，比如在我看来非常经典的《红楼梦》或者艾略特的《荒原》，或者在我人生某一阶段扮演重要角色的《金蔷薇》或者米歇尔·布托尔的《变》，甚至是古龙或者金庸或者还珠楼主。

除了纸本书，我其实并不歧视手机、平板之类的电子设备，电子书我也同样攒了不少。我常用的Kindle 阅读器得自严锋的推荐。而累的时候我还听有声读物，其中既有天马行空的中国哲学，也有佶屈聱牙的《尤利西斯》，而且是英文的。不管听懂听不懂，全当摇篮曲了。

读书改变命运或许略难，但是改变人却极为可能。不信，在镜子之中看看我的面貌，可能就是一个拙劣的证据——读了一肚子书，虽然好像也没什么特别的——但至少讲礼貌——我突然想到。

一 我站在奥登一边 一

老庞德的红胡子

买过几本非常薄的小册子，都是名家评传。其中 J. 兰德的《庞德》是我尤其喜欢的。有一阵子坐飞机经常带在身边，一趟旅行结束也就读完了。

夸埃兹拉·庞德的诗，比较容易。大师级数，或准大师级数。你不说，也有许多声名烜赫之人为其宣扬。所以这个行列里不差你一个，当然也不怕多我一个。

牛到一定程度，多少看不起人，多少有点以自我为中心、自恋狂，老庞德当然不能例外。在他的诗篇《对镜自怜》中，第一行就写："呵！镜中一副奇特的面容！"（潘炳信译）根据他的朋友福特·马多克斯·福特的描述，他长着"八字红色胡须"。啊，红胡子！在中国政治文化史中，红胡子别具意味，好一个打家劫舍的土匪！比蓝胡子的"闺房霸王刀"还要威猛。这倒符合老庞德热情四射、不惧权威的性格。这点，我通过一帧不具名的摄影作品得到证实。只见老庞德头发乱糟糟，戴一副无框眼镜，衬衣大领翻露在外套之上，颇似中国 20 世纪 70 年代流行的服装潮流——在人山人海的自行车与灰蓝色之中，小女子翻出来的花领或白领泄露出卑微的美学追求。但是，在立体主义摄影师的多次曝光之下，老庞德的翻领变成三套，像裙褶一样从上到下由小至大依次叠加，让人觉得不仅新潮，而且别具机心。老庞德自称面容奇特，肯定不是惊诧厄里斯魔镜中出现了哈利·波特双亲的亡魂，而是由衷地自赞自叹：我为什么这么牛？！似乎正是这天生即有的自信，造就了一个前无古人的矛盾体。

　　尽管老庞德一生苦熬中国汤，夸他的人仍旧需要小心。无论如何，1940 年 2 月至 1943 年他在罗马电台的播音生活，你不能绕过去。"欧洲广播电台，我是庞德……""美国对意大利、对欧洲开战纯粹是愚蠢透顶的举动……"永不消逝的电波在阴暗的欧洲上空回荡，在远渡重洋的美国士兵们中间，在反法西斯战壕之中……1945 年，老庞德以叛国罪被起诉。然而他从未受审，只是在圣伊丽莎白精神病院住了十二年之后离开美国，重返意大利。最让我揪心的是老庞德从不认为自己有错，对此他反复声称的主张只有一个：每个人都享有完全的言论自由。

　　和你想的不同，老庞德的支持者中竟然有许多左派和自由主义者，伟大的奥登就赫然在列。难道庞德真的与众不同？诗人干预现实没甚不可，这个暂且不提。我顾左右而言他：读他的诗吧，这虽不是最佳选择，但却是一个最有价值的选择。

『当时相爱 而实在无知』

　　看过许多书，见过许多人，经过许多事，但仍旧无知。解释有二：一为宇宙无限，我之所知不过一粒沙尘；二为不领其中教训，明知故犯，一犯再犯，这份固执之深，也是无知得可以。蒙田也说：我知道什么？以蒙田说事，看似为己遮羞，其实无知者所见皆是，只不过程度深浅而已，笑人者也被人家笑话。不若自认无知，脚踏实地，以谋一点一点小小的进步。诗人吴铭越在 MSN[1] 上为自己的名字后面加了一个括号，里面的文字是："知道得越多就越知道自己知道得不多。"不知为不知，是知也——老祖宗岂能浪得虚名？我现在真想握一握吴铭越的手，并摇上一摇，以示自己深切的理解。

　　写诗译诗有年，自以为了解其中点滴，但其实仍是

---

1. Microsoft Service Network，微软公司 1995 年推出的即时消息软件，2005 年进入中国，2016 年 MSN 中文门户网站关闭。

无知。解释也有二：一是以完美角度而论，伟大的标准，我终究望尘莫及；二是以知人角度察我，我实在有限得很。懊恼之余，本该放弃，但我偏不放弃，反而大胆、豁然、堂而皇之。这似乎有了问题，知与行的问题。不知而行，还是知之而行？道理总归道理，没有那般绝对。等知而行，恐怕到了末日，也未可知。所以这个知也是相对的。庞德汉语上有限，说他无知也不过分，但他移译汉诗不遗余力。李白《送孟浩然之广陵》最后两句，"孤帆远影碧空尽，唯见长江天际流"，庞德译成三句，某些国内翻译工作者看到，必定以为大逆不道。十二年前，我遇到庞德所译，将之译回白话中文——

> 在遥远的天尽头，孤单的帆，墨点似的。
> 现在我只看见了河流，
> 长江，正抵达天堂。

　　二者绝对不同，如果锱铢必较，则庞德所译简直坏之又坏。但以我观之，庞德之译精彩绝伦。我也知晓，庞德并非翻译正朔或者主流，但我辈以其为典范，有何不可？卞之琳先生在西南联大，执鞭文学翻译课，"在班上总是首先，特别就译诗而论，破'信达雅'说、'神似形似'说、'直译意译'说",最后形成自己的翻译观。后人小子习古而泥古,何其愚妄?我到了此处,偏见陡生:与其看某些职业翻译者正确的毫无味道的译诗,不如看某些业余翻译者谬误的具有诗味的译诗。

虽然无知以行,但并非无知即可无畏。我始终知道自己年老之时必说的叶芝的台词:"我们当时相爱而实在无知。"(卞之琳译)译事与情事,没有例外。

艾略特和他的诗[1]

托马斯·斯特恩斯·艾略特（Thomas Stearns Eliot, 1888－1965）出生于圣路易斯，求学于哈佛、索邦和牛津。1914 年定居伦敦，成为二十世纪最具革命性的诗人之一。他的风格标志着他与一战之前的诗歌形式与题材的根本背离，而他的诗歌和文学批评则对现代文学予以重新定义。《荒原》出版于1922 年，提出一种关于现代文化的鲜明隐喻，并被认为是二十世纪的主要杰作。1927 年艾略特取得英国公民身份，1948 年获诺贝尔文学奖。

这段标准简介，出自文德勒编选的艾略特诗选《荒原和其他诗》的扉页。考证它是否出自文氏手笔并不重要，重要的是它的概括性和某些判断，在对艾略特多如牛毛

---

1. 本文中所引艾略特的诗为穆旦、汤永宽、裘小龙以及本书作者所译。

的叙述中，足以引起更多的相关联想和阐释冲动，比如什么是"最具革命性"，尤其是当"革命"这个名词或动词在中文语境的内涵与外延得到界定与应用的时刻。权威的说法可能来自《牛津简明英国文学史》：艾略特是"他那一代人和随后的两代人中最重要、最有影响的英国诗人"。《牛津英国文学词典》第6版认为：他是"二十世纪二十年代以来英语文学的主要人物"。

中文判断主要来自三个人：王佐良称艾略特是"现代主义者"；周珏良称他是"影响诗的潮流的人"；裘小龙称他是"西方现代派诗歌中最重要、最具代表性也是最难懂的一个诗人"。从引述中，读者不难看出他们之间认识上的差异与交织，以及表达上取舍的不同。

有趣的说法来自《巴黎评论》。它在谈及艾略特文学头衔的时候用的是"当代文学上的显赫人物"这样更易引起人们注意的表述。或许读者已经看出，学者与媒体各自的描述之间有呈现出某种差异的端倪，正如选择针对文学还是新闻所表现的那样，尽管他们之间的分歧远未抵达如此深的程度。而像我这样的诗人虽然看重学者的条分缕析，却始终觉得诗人们针对艾略特的相关说法更为有效。即便是艾略特本人，他也始终认为自己的文学批评主要还是"诗人的批评"，以"维护"自己"正在创作的那类诗歌"，而且他还明确地认为，在他列举的三种批评类型中，"诗人的批评"才是"正统的批评"。艾略特的诗在诗人们那里显示的形象其实与在学者们那里显示的多少存在一些差异。这其实正是我编选这本《艾略特诗选》的理论来源：编选一个诗人的选本，而非一个学者的选本或者是一个译者的选本。

因为我相信而且坚信一个真正的同行的承认远远胜过一百个真正的学者的承认，一个真正的读者的喜欢远远胜过一百个读者的称赞，所以对艾略特的最大褒奖永远都是来自于诗人们的。比如贝杰曼曾经渴望："我把我的诗装订成册，/《最好的贝杰曼》，把它交给/一个喜欢诗的人，有人告诉我就是——/美国大师，艾略特先生。"拉金在《大师的声音》中回忆自己听艾略特录音的经过：虽然开始的时候，拉金觉得"他的声音就像一个意大利游客"，"本想三十秒过后按停"，但却在不知不觉中听到了结束。这个事实或许意味着艾略特有某种不可抗拒的魅力。巧合的是我经常聆听的 CD 中就有柯林斯出品的《必不可少的艾略特》的录音。艾略特用他各个时期的声音，一方面淡化我之前早已形成的想象，一方面又提醒我哪些是值得注意的细微之处，比如《荒原》中"啦啦"或者"咧呀"之类的象声词。

希尼在《从艾略特那里学到的》的文章中回忆道："我在德里的天主教寄宿学校读书的时候，就被艾略特的另类和他所主张的一切吓倒了。虽然如此，当我的一位阿姨要给我买两本书的时候，我还是要求买了他的《诗汇集》。"十六岁的时候，希尼获得一本深蓝色封面的《诗汇集1909—1935》。现在比较权威的版本仍旧是《诗汇集1909—1962》。

裘小龙编选《四个四重奏》，把艾略特的早期诗放在后半部分，是有充分的根据的：《T.S.艾略特诗和戏剧全集》与《诗和戏剧全集》。而我这本《艾略特诗选》把早期诗放在开头的目的，是想说明伟大的艾略特也是从一个年轻的艾略特成长起来的。在呈现他的综合才能及其深度的同时，如果能够勾勒他的成长轨迹及其体现的某种全面性，恰是我编选这本诗选的努力方向之一。横空出世的神秘才能固然会体现在兰波这样早慧的诗人身上，但是更多的诗人却只是劳动者，比如莎士比亚、奥登以及我们正在谈论的艾略特。

艾略特十四岁写诗。当时他在他爷爷创立的史密斯书院上学。因他是父母的七个孩子之中最小的一个，受宠也就是理所当然的，晚年回忆的两段幸福时光中包括这一段也是理所当然的（最后一段幸福时光是他六十九岁迎娶瓦莱丽·弗莱彻的时候，距离他辞世还有八年）。

艾略特对唐纳德·霍尔讲过："当时受了爱德华·菲茨杰拉德《鲁拜集》的影响，写了一些非常灰色、绝望、无神论的四行诗。"《鲁拜集》的异国情调对任何具有浪漫情怀的人都有杀伤力，何况一个求知欲旺盛的十四岁少年呢？

艾略特发表的第一首诗，先刊在《史密斯书院记录》上，改写之后又刊在《哈佛倡导》杂志上，也就是这本《艾略特诗选》中的第二首《歌》："而且尽管爱的花朵已经稀少 / 也要让他们变得神圣。"艾略特毕业之后，又在波士顿附近的弥尔顿书院待了一年，1906 年进入哈佛大学攻读哲学。艾略特早期的十首诗预示着他的起点的多样性，比如《歌》模仿的就是本·琼生的诗体。模仿是"创造师傅"之前的"启蒙师傅"。从文学教育的角度来说，"盲目的独创"是歪门邪道，而"多元的模仿"恰恰是捷径正途。这一点显示得格外清晰，如同造物主用一支编号为 6B 的设计师铅笔给一张古老的灵魂照片勾勒出醒目的黑色边框一样。

艾略特写诗的一个小转折点出现在大学三年级。他几乎在一夜之间发现了与自己心灵呼应的法国诗人拉弗格。他是在阅读阿瑟·西蒙斯的书《文学中的象征主义》

时发现的。读者不仅可以把《诙谐曲》看成艾略特向拉弗格致敬的结果，更可以从中看到艾略特的美学选择。其实正是这种选择构成他与一战之前的诗人们（主要是叶芝）的重要差异。比如，之前的英诗严谨而优雅，虽然偶尔有点儿幽默，但却远没有达到艾略特现在开始追求的强度。重要的是，类似反讽这样的元素在当时已经获得比较主动的位置，它不仅增强诗歌的内在活力，而且正在形成 20 世纪 30 年代独有的美学萌芽（这正是艾略特成为艾略特的主因）。而在中国，反讽等综合写作技术直到 20 世纪 90 年代才构成真正具有影响力的诗歌追求。当然，不能说这是由于艾略特影响的致命程度不足导致的，因为影响始终通过诗人的内部发生作用。读者通过观察艾略特的接受过程就能获得这一原理。这在《夜歌》中也有显示：如何利用文学典故映射或者塑造一个具体而新颖的现代人物，并以戏剧独白的方式（可能是从莎士比亚那里继承的）戏谑浪漫的爱情——

　　　　失败的交谈，弹奏着某个曲调

　　　　多么陈腐，而出于对他们命运的同情

　　　　我让一些仆人等在墙的背后，

　　　　戳着，而夫人陷入昏厥之中。

20世纪初期的新诗人们真实而激进，对陈旧的价值观予以无情的嘲弄，而嘲弄正是依赖反讽技术实现的。它略微带刺的花朵远比直接掀翻的铁锹聪明得多，而且更适于美学花园的土壤："这时女读者全都淹没在泪水之中：——/'一切真正恋人追求的完美顶点！'"艾略特把"女读者"推到这样一种尴尬的位置并非出自现代语境的异性歧视角度，而只是出于一种感性表达的需要。感性始终是艾略特的本质之一，这也正是不少人误解或者低估他的地方。

艾略特除哲学之外，"还攻读希腊语、拉丁语、德语、法语和英语的语言与文学课程，以及历史、佛罗伦萨绘画等课程"。艾略特于1909年获得文学学士学位，1910年获得文学硕士学位。同年秋天，他到巴黎索邦学院游学，最大的收获就是听了伯格森的讲座。长途旅行，开阔视野，是每一个年轻人渴望的冒险生活。在伍迪·艾伦的电影《午夜巴黎》中，一个穿越者碰到乘坐汽车穿行在巴黎街道的艾略特时，不由自主背诵起他的名句——"我是用咖啡匙子量走了我的生命"，这时的艾略特其实还没有写出这个句子（也许他们相遇的地点是在十年之后的巴黎）。此时艾略特的文学谱系已经得到延伸：除了拉弗格，他正在研究的布雷德利，还有对他影响更为持久的波德莱尔和但丁。前者让他发现城市文明的现代性特征，后者则让他意识到诗歌普遍性的存在以及"一种精心安排而又易于理解"的诗体。

回哈佛后，艾略特又读了三年哲学。1914年，未等写完博士论文，他就来到伦敦，结识了长他三岁并更为大胆的庞德，而且翌年就与相识不久的维维安·海-伍德小姐结婚了。这两次风云际会不仅是艾略特写诗的转折点，也是他人生的转折点，只不过前者意味着诗歌的美妙，后者意味着生活的灾难。如果你没有具体的感受，不妨看看布莱恩·吉尔伯特的电影《汤姆和维芙》。悲剧其实不是源于爱情冲突，而是源于疾病。

且不说第一次世界大战的时代氛围，也不说在庞德及其朋友的圈子中艾略特扮演的角色——我总是暗自猜想他的外号"老负鼠"（雅各布说负鼠有十三个乳头）的真正含义，但是我不敢把它说出来，害怕形成对艾略特本人的道德误读——还是把目光集中到他的作品上来吧。

1917年出版的《普鲁弗洛克及其他观察》是艾略特的第一本诗集。收入集中的第一首诗《阿尔弗瑞德·普鲁弗洛克的情歌》绝对是惊世骇俗的——

那么我们走吧，你我两个人，

正当朝天空慢慢铺展着黄昏

好似病人麻醉在手术台上；

…………[1]

　　我第一次读就给震住了，因为从来没有想过黄昏居
然是"病人麻醉在手术台上"。如果这仅仅是一种新鲜
的比喻也就罢了，问题是其中还包裹着严重的现代城市
病。它的写作灵感可能源于波德莱尔的《恶之花》以及
拉弗格的自由诗，但是多年之后，我才发现这种以城市
社会生活作为喻体表现自然风物的修辞方式——我在阅
读张爱玲的小说时恍然大悟。

　　在这本诗集中，艾略特不仅塑造出一个暧昧的社交
场合中的现代人物普鲁弗洛克，同时也以一种轻微的喜
剧色彩描写了几个活生生的人："老处女"海伦姑母、"摩
登"的南瑟表妹，以及"迷人的"、长着"尖尖的耳朵"
的阿波里纳克斯先生（与艾略特在哈佛学术茶会上遇见
的罗素有关，有人认为这是对罗素的一种极具想象力的
再现）——

　　他笑如一个不负责任的胎儿。

---

1. 本文中所引《普鲁弗洛克及其他观察》中的诗句均为本书作者所译。

他的笑声是潜艇和深渊

仿佛海洋中的老人

藏在珊瑚岛的下面

这与 19 世纪诗歌的比喻完全不同：那时候仿佛只有复杂的感情和灵魂，而没有这些看起来似乎表面化实则却表现出社会深度的元素。"黄色的雾在窗玻璃上擦着它的背，/黄色的烟在窗玻璃上擦着它的嘴……"而在《窗前的清晨》里——

我看到了女仆的阴湿的灵魂

从地下室的门口忧郁地抽出幼苗。

一边是人，一边是植物，把两者结合在一起，就会构成一种美学奇观。更有意思的是在艾略特身上也有这样类似的结合：他是诗人，同时是银行职员。在读者看来，这是两个完全无关的工作，甚至觉得它们之间存在矛盾，实际上这是完全正常的。且不说卡夫卡、斯蒂文斯及今天大多数从事教育或传媒工作的诗人们，何况艾略特当时年轻，能够挤出时间写诗，还能够挤出时间兼职，比如担任《利己主义》杂志的助理编辑。

艾略特的批评才能为他的诗增添了罕见的光彩，尤其是他1917年写的《传统与个人才能》：诗不是个性表达，而是从个性之中逃逸。而他关于"客观对应物"的认识，"不仅是一块艾略特诗性思维的试金石，而且是一座建立二十世纪文学之中独有的'历史意识'的里程碑"[1]。将近一百年过去了，重读这篇文章，它仍如刚出炉的面包一样甜香四溢。把它与艾略特的诗对照来看，你可能会发现，这些全是他的心声，而非一些僵硬的写作戒律。

和《普鲁弗洛克及其他观察》的布局相似，艾略特在1920年的诗集《诗》中仍把最为重要的作品放在开头的位置：《枯叟》不仅描写一个老男人的生活或者说与之关联的回忆——

　　　　这就是我，干旱岁月中一个老人，

　　　　由一个男孩给我读书听，等候甘霖。

　　　　我既不曾在火热的隘口

　　　　也没有在炎热的雨中战斗

　　　　更没有没膝在沼泽地带，挥舞着弯刀，

　　　　挨着飞虫咬，浴血奋战。

---

1. 《牛津二十世纪英语诗歌词典》（Oxford Companion to 20th-Century Poetry），上海外语教育出版社2000年版，第147页。原文为英文，中文为本书作者所译。

按照 1954 年 2 月 14 日奥登在 CBS 电视网（哥伦比亚广播公司）中的阐述，这六行诗更体现出"享受反讽对比正是我们这个时代的快感特征之一：把相反特征放在一起，卑鄙与宏大，不同寻常与司空见惯"；而且我认为它机智地描写了更为重要的"历史"，并表现出略嫌刻薄的价值判断——

　　在这样的了解下，怎能有宽恕？想想吧，
　　历史有的是狡猾的小道，拼凑的走廊
　　和结局，她以悄语的野心欺骗我们……

　　艾略特赋予"小老头"的内心独白一如既往，这不仅利于在形式方面深入人物内心，而且由此获得一种依靠逻辑推进的诗歌方式，从一个句子迅速而自然地生成另一个句子，当然也利于戏剧化的转折，不管性质是残酷的还是喜剧的，或许能够以此克服从学徒期迈向成熟期的过程中出现的写作危机。虽然表面上艾略特并不依靠天赋，而只用庞德所说的"自我训练"的"现代主义"，但是这种心理上的细腻揣摩恐怕只有庞德才能理解。

　　这本诗集里有两首"斯威尼"：一首看见"过道里的小姐们 / 觉得受了干扰，丢了脸"，一首看见"裹着西班牙披肩的女人／想爬到斯威尼膝上去坐"，描述的是登徒子擅长绘制的风景。而《艾略特先生的星期日早晨礼拜》与他后来写的《为库斯库喀拉威和密查·莫拉德·阿里·贝格写的诗行》（因篇幅关系没有收入《艾略特诗选》）一样有趣。前者："子女众多的／主的聪明的随军商人／飘过了窗玻璃。"似乎有些不敬，不过某些神职人员确实俗气。后者："遇到艾略特有多么不愉快！／他的容貌是一副教士气派……／他的谈吐，这样优雅，／仅仅说些'什么'呀／'和'呀'如果'呀'也许'呀'但是'呀……"自嘲的同时嘲讽别人。英语文学对趣味的强调如同中国文学强调境界一样，一个是人生快乐，一个是"玄而又玄，众妙之门"。也不妨把《河马》和特德·休斯的动物诗联系起来。"真教会"或会妨碍某些无神论者的欣赏，但如果坚持宗教生活也是人类生活，那么心理障碍自会消弭。所以某些读者不必纠结于英国国教，不必烦恼于文化背景，重要的是把心贴上去。换句神秘的说法就是：唤醒你的灵魂。《一只处理鸡蛋》，我每次看都乐出声来。《不朽的低语》描绘的是两个小人物的肖像：死亡和邓恩；一个女人和一只美洲虎，"美女与野兽"——

但我们的命运在干肋骨中爬，

来保持我们的形而上学温暖。

什么是"我们的形而上学温暖"？我们和不朽的地狱 / 低语是否拥有真正的关联？何况这个女人像弗吉尼亚·沃尔夫一样"拥有一间小屋子"。而四首为了对抗写作危机而写的法语诗，尤其是《社长》，使用不同寻常的短句与转行，彰显艾略特对形式的掌握宽度。

第一次世界大战终于结束，活下来的人全都伤痕累累。而随后的 1922 年注定是欧洲文学最不平凡的一年：乔伊斯写出《尤利西斯》，里尔克写出《杜伊诺哀歌》和《献给俄耳甫斯的十四行诗》，沃尔夫写出《雅各之屋》，普鲁斯特写出《所多玛和蛾摩拉》，尤金·奥尼尔写出《安娜·克里斯蒂》。一个多么奇异的现代主义的年代，一下子涌出这么多令人惊叹不已的作品。同年，艾略特写出被不少学者认为是 20 世纪欧洲最有影响力的诗：《荒原》。虽然他本人技术上首肯的仍旧是《四个四重奏》。

对这种说法布鲁姆肯定不同意。他说"最过头的评价：艾略特，一切都过高，包括诗与散文"，他在《西方正典》附录《经典书目》中只列入艾略特的两部作品，虽然他在前言中强调的两个被评价过高的诗人是拉金和洛威尔（我在艾略特的"家族树"上不仅看到他祖母的叔父美国总统亚当斯，而且看到他祖父的拐弯亲戚洛威尔）；威廉斯对《荒原》问世的强烈反应不易被人理解："它如同投下的一颗炸弹，毁灭了我们的世界，把我们向未知领域所进行的种种勇敢探索炸得粉碎。"不少学者却以为《荒原》恰恰是勇敢的探索，并且正是因为这首诗，20世纪20年代才被称为"艾略特的时代"，正如30年代被艾略特称为"奥登的时代"一样。这种命名方式有问题，因为1922年还有一个巨人：里尔克。

关于《荒原》的阐释非常之多，以它作为博士论文题目的人更是数以万计。可以说，文学专业中已经出现一门显学："荒原学"。因为篇幅关系，我只能粗糙地勾勒数种。伊戈尔顿说艾略特："尽管他的崩溃很大程度上与他的婚姻不幸有关，它也反映了《荒原》所表征的一战之后的文化危机。"哈里特·戴维森说："作为《荒原》的读者，我们倾向于特权的声音，因为我们渴念在这首令人困惑的诗中得到应有之义的稳定与清晰。"杜波伊斯和兰特里夏说："艾略特的诗与庞德和弥尔顿的诗一样，是一种学识渊博的诗（对作者和读者都是这样），并且——同样与庞德的诗一样，但不同于弥尔顿的诗——这样学识渊博的诗不会有什么理所当然的合适的读者群，无论多小的读者群。"不少学者纠缠于晦涩问题或者难懂问题，甚至在多种语言与丰富的典故面前，形成自傲（掉书袋）与自卑（渊博）两种截然相反的心理趋向。其实之所以既不存在一个彻底的解读，也不存在一个权威的解读（包括作者本人的），是因为从来就不存在一个绝对的真理，只有"接近"或者"合理"这样更为真实的界限。同样的事情也发生在乔伊斯的《尤利西斯》上。什么叫"懂"？把它过度世俗化是不靠谱的，把它过度神秘化也同样不靠谱，因为关于"帖瑞西士"的复杂刻画（詹姆斯·麦克法兰说："虽然帖瑞西士眼睛瞎了，他却能在暮色苍茫的时刻看得见——在这个时刻，白昼和黑夜失去了各自的特性，相互融合起来。"[1]），关于戏剧化场面的生动描摹，以及关于各种引语的诙谐与庄严插入，都是具体而且可以感知的。打个比方，不仅可以用眼睛观赏流水的形状，也可以用鼻子去嗅它的气味，用嘴巴去尝它的味道，用耳朵去听它的声音……只要你和心灵或者经验碰撞了，唤醒某一部分沉睡的东西，其实也就是真正懂了，不必非把每句话都理解成两张皮，一层是面具，一层是本质。还是温习《荒原》中的诗句吧，这样看起来更像一个理想的读者——

---

1. 见詹姆斯·麦克法兰《现代主义思想》，收录于马·布雷德伯里等编《现代主义》，上海外语教育出版社 1992 年版。

我们小时候，在大公家里做客，

那是我表兄，他带我出去滑雪橇，

我害怕死了。他说，玛丽，玛丽，

抓紧了呵。于是我们冲下去。

在山中，你会感到舒畅。

我大半夜看书，冬天去到南方。

独白，童年经验，生活场景，对话，紧张的冲突，人生况味……读到这一层就是读者的胜利——

一群人流过伦敦桥，呵，这么多

我没有想到死亡毁灭了这么多。

与死亡随时随地的降临相比，在街道上如同日本工蚁[1]一样忙碌的芸芸众生真的明白生命的含义吗？现在是昆德拉的《为了告别的聚会》，过去则是艾略特的告别——

再见。晚安。晚安。

晚安，夫人们，晚安，亲爱的，晚安，晚安。

————————

1. 日本工蚁：过去的日本人一直给人一种"工蚁"的印象，勤勤恳恳埋头苦干。

描述颓败的痛苦的绝望的现代景象，不少学者认为《荒原》是"一个时代的幻灭"。艾略特坚定地说："不，这不是我自觉的本意。"确实，《荒原》仅仅是我们站立的地方，仅仅是我们存在的基础，后面出现的几个梵文，翻译过来就是："给予""同情""节制"——其实就是一个解决草案。此外还有可以主动进行的行为选择——

　　　　为了支撑我的荒墟，我捡起这些碎片

　　　　当然我要供给你……

把"碎片"掌握在自己的手中，从而显示某种建设性的幼芽。胡戈·弗里德里希从形式方面认为这两句"可以理解为对断片化手法的承认"。艾略特虽然没有庞德志向高远，但是他具备把片断整合为一体的能力，虽然在文本的确立方面，他仍旧得到庞德的支持：适当的删削（有的学者认为并不适当）。这也是我把《从〈荒原〉中删除的作品》放在《荒原》之后的主因，由读者自行体会删削的利弊，或者把它们视作完全独立的作品。

《荒原》之后的两首著名诗篇是《空虚的人们》和《灰星期三节》，发表时艾略特已经人到中年。《空虚的人们》保留微弱的戏剧性，而抒情成分则相当吃重，尤其是歌咏部分，这是单纯的读者喜欢它的原因之一："我们是空虚的人 / 我们是填塞起来的人"；或者如此深情——"眼睛不在这里 / 这里没有眼 / 在这消逝的星星的谷里 / 呵，这空虚的谷"。但是在结尾的时候，我们仍旧能够听见《荒原》的遥远回声——

　　　　正是如此，世界结束了

　　　　不是砰地一响，而是带着低泣。

　　而《灰星期三节》，零散的宗教信息变得更为规整，类似"我祈求让我忘记"的句式不能不使我想起祈祷的过程，可能就是因为这一点，这首诗才成为艾略特的一个思想转折点。无论建设性还是保守性，正如一个重金属乐手也可能是一个虔诚的佛教徒一样，形式与思想的一致性不过是一厢情愿的假设。虽然威尔逊说这首诗"更为人工化"，"有欠活泼"，但是我们仍旧能够看到一种复合形象：同时存在的戏剧男高音和抒情男高音——

　　　　因为我不希望再转动

　　　　因为我不希望

　　　　因为我不希望转动

这是抒情男高音。

> 在第二节楼梯的第二个弯子上
>
> 我离开他们，它们依然在下面扭曲地转身；
>
> ·············

这是戏剧男高音。

1939 年的《老负鼠的实用猫经》[1]，不少学者把它列为儿童诗，而据它改编的音乐剧《猫》比它更有名气。组诗中描写了具有人性的各种猫的形象与生活。这里不做深入阐述，读者可以用心体会其中的幽默与乐趣，甚至可以与诗中的猫对号入座。当然联想那时的英国社会会更为有趣，其中也有艾略特自己的认识。

《四个四重奏》是艾略特的巅峰之作，这是从诗歌本体角度而言的。霍勒斯·格雷戈里在 1943 年《纽约时报书评》上评论它是"自华兹华斯的《序曲》以来同类型诗作中的最佳作品"，而安东尼·赫克特的长诗《仪式》[2]从构思到结构都受到了《四个四重奏》的直接影响。

---

1. 参见桑克译《[美国] T.S. 艾略特：老负鼠的实用猫经（14 首）》，收录于潘洗尘、树才主编《译诗，给危城的信》第二卷，长江文艺出版社 2013 年版。
2. *Rites and Ceremonies*，中文名系本书作者自译。

这首诗具有浓郁的思辨与宗教色彩，试图将社会和性欲的贫瘠等早期意象改造为一种不确定的丰富性。这与第二次世界大战中的英国社会状况有关。艾略特对文化故乡进行乡村考古与历史调查，并在伦敦遭受空袭的阴暗景象中，使读者能从上帝的拥抱里识别这样的温暖——

　　　　家是我们出发的地方。随着我们年岁渐老
　　　　世界变为陌路人，死与生的模式更为复杂。

　　个人抵御虚无人生的能力更强了。形式变得圆润而有力。结尾四行似乎是对《荒原》之问的终极解答——

　　　　而一切终将安然无恙，
　　　　世间万物也终将安然无恙
　　　　当火舌最后为绳索交缠成结
　　　　烈火与玫瑰化为一体的时候。

　　一切终将安然无恙。即使不是真的，但在经历两次大战的地狱之后，艾略特坚信是真的，因为活着必须要有足够的支撑，而对艾略特来说它只能来自信仰。

　　…………

1965 年 1 月 4 日，艾略特在伦敦去世。流放的布罗茨基从广播中听到这个消息，写下《悼 T.S. 艾略特》："他死在一月，一年的开始……/ 树木和田野不会忘记。/ 凡是来到这个尘世上的人都将知道你——/ 犹如身体在心中珍藏着 / 失去的唇吻和胳膊的拥抱。"2005 年 1 月 4 日，我写了《纪念 T.S. 艾略特逝世 40 周年》："那么多的人戛然而逝，甚至不如生日蜡烛 / 在熄灭之前，挣扎摇曳，抛售最后一个媚眼。/ 苏珊·桑塔格也死了。这一年死了 / 这么多良心。而我，德里达，刚刚复活，/ 从寒冷的雪日，从麻木的脸上拧出水来。"

诗人中爱猫者尤多，甚至多过爱狗。

把狗猫相提并论并且分出优劣差异不知从何而起。我见过两行俄语诗，不知作者是谁，也不知中文译者是谁，里面说——

　　猫咪是由皮毛、愿望和秘密组成的动物。

　　猫咪——不是狗，她有自己的习性。

猫当然不是狗。T.S. 艾略特在组诗《老负鼠的实用猫经》[1] 之中的一首诗《猫的命名》（收录于 1953 年《最佳猫诗选》）里也强调这个极为重要的阐释出发点——

---

1. 本文中所节选的《老负鼠的实用猫经》，均由本书作者所译，收录于潘洗尘、树才主编《译诗，给危城的信》第二卷，长江文艺出版社 2013 年版。

首先，我会唤起你的记忆，

并说：**一只猫不是一条狗**

"一只猫不是一条狗"——其实这么说，并无统计数据支持，只不过凭借众所周知的大致印象。而沦为印象者往往就是不靠谱的代表。我从不觉得自己是什么代表。自从携带手机，表就成了可有可无的东西，戴这劳什子做甚？所以与此相关之敬语，比如文学恐怖活动之类的波士顿幽默，我就把它的外层糖衣吃了，里面的岩心炮弹原封退回，或者爱去哪儿去哪儿。这样似乎有点儿东京市民英雄牛二的意思。不过揽镜自窥，白发眼镜，和希腊英雄们差着不少意思，我看还是算了，不如改弦更张，如猫一般，追随月神狄安娜的足迹。

躲在耗子洞里的人是有福的。即便如此，印象多少反映一点儿事实，否则印象何来？

来自周围的朋友。爱猫者王敖年轻时出过一本诗集，名字就叫《朋克猫》。爱猫者周瓒写过不少猫诗，其中一首叫《猫的素描》："窄狭的窗台，它练就了站稳的功夫／贴紧六楼的窗纱，它克服了未知的恐惧……"恐惧而且是未知的，怕上加怕，恐惧翻倍。而已知之恐惧，我们能否克服？我们能否像老虎一样拜猫为师，习其攀爬之技，法其克惧之术？

这些爱猫者时常把猫叫作"喵星人"，正如爱狗者把狗叫作"汪星人"。"喵"或"汪"其实都是象声词，简练有余，生动不足，而将之与"星人"这个牛词合并——"喵星人"，猫便理所当然地成为神秘外星人之一种，非常"卡哇伊"。它们居住的星球与小王子居住的星球 B-612，想必相似而不同。美好的事物总是相似的。而根据我的理想化猜测，喵星人的星球，想必是海洋或者河流居多，否则就不会有那么多美味的鲜鱼。

而不理想的猜测则是：喵星人的星球到处都是耗子洞，否则黄庭坚就不会写"秋来鼠辈欺猫死，窥瓮翻盘搅夜眠"（《乞猫》）或者"养得狸奴立战功，将军细柳有家风"（《谢周文之送猫儿》）。看起来悲喜交加，实际上，这种景象相当暗黑，全然不似迪士尼卡通片里的《汤姆和杰瑞》——活活一对欢喜冤家，争风吃醋，打打闹闹，合久必分，分久必合，仿佛罗贯中同志一贯秉承的非唯物主义历史观。

似乎与此呼应，爱猫者艾略特为猫找到的敌人或者食物，当然不是什么鲜鱼，而是别的东西（似与耗子关联的暗黑系物质）。而且他这么做的目的也不是为了猫。

艾略特的组诗《老负鼠的实用猫经》，表面上是写各种各样的猫，目的似是为了给老负鼠提供生活经验和生活教训：以后你在日常生活中碰到这些家伙小心点儿，别被它们给吃了。这里的负鼠似乎和我们平日所见的耗子相似。其实不是一码事。

爱猫者艾略特可能还有其他身份，比如隐蔽的厌猫者之类，如同 1982 年出版的《厌猫者手册》所揭发的（我纯是瞎猜）。我算不上东西两个柏林（爱猫者和厌猫者）的拥趸，不过"惧猫者"的称谓可能庶几近之。此处补缀，不过是为了证明自己置身事外的立场，其实怎么回事，天知道地知道你不知道。真相可能不值得寻找，而应通过某种巧妙方式将之显示出来。

老负鼠是埃兹拉·庞德给艾略特起的外号。所以这本实用猫经其实就是艾略特写给自己的"生活手册"。众所周知，猫与鼠的关系是对立而复杂的，所以那些猫究竟是什么似乎不言自明。按照君特·格拉斯在《猫与鼠》中的描述："我的牙齿停止了抱怨，疼痛略有缓解，这是因为马尔克的喉结在猫的眼里变成了老鼠。猫是那样年幼，马尔克的喉结是那样灵活——总之，这只猫朝着马尔克的喉结扑了上去。"所以，猫是危险的，是具有攻击性的，而且它如孙悟空一般会七十二种变化，变成艾略特在日常生活中碰到的人物，还是必须小心在意的人物。如果这些诗确是写给孩子的，那么无非就是在教孩子如何阅世，如何历尽沧桑。

然而负鼠不是普通老鼠。最小的负鼠，个头只有田鼠大小，而最大的负鼠，通常说是弗吉尼亚负鼠，身长三十三至五十四厘米，和狗差不多。艾略特是密苏里负鼠，个头儿大得几乎赶得上一个成年男人。请允许我开个玩笑。

负鼠的主要特点是诈死。其实就是消极对抗命运。既然不能消弭近邻之危险，不如以诈死之术避之。负鼠性本温顺，与艾略特之温文尔雅有几分相似。而负鼠诈死之术并非人类所能企及，其伸舌变色，鼓肚战栗，继而全无生息，几乎妙到毫巅。耐性也是一等一的。敌人蹲守数小时，负鼠照样岿然不动。一旦敌人远去，负鼠便翻身跃起，逃之夭夭。此等诈术，在人类之中恐怕只有曹操才能使得如此出色，而艾略特不过得其皮毛而已。从他处理与维维安的婚姻，即可想见他的生活智慧远逊于他的文学智慧或者其他智慧。

即便如此，以负鼠之智尚且需要猫经帮忙，像我们这些小鱼啊小虾啊什么的，就更需要仔细阅读猫经，从中找到安身立命的办法，而免于被猫的外表迷惑。

从组诗之一《猫的命名》，我们早已知道猫也分三六九等。比如一只叫柏拉图的猫，他[1]是谁就不用我一本正经介绍了。而更多的猫我们并不知道他们的名字。我们以为我们知道的猫名，比如雪儿、小胖墩、小爪子（艾略特起的猫名），或者玻璃球什么的，其实都是我们人类一厢情愿为他们起的，他们自己没准儿正在家庭午宴中以此作为笑料，取乐呢。人类的自以为是多半来自于"我是一个命名者"的臆想，因为——

> 人类研究没有发现的名字——
> **但猫自己知道**，而且从来不会坦白。

猫有自己的世界，有自己的愿望与秘密，如同那首俄语诗谈及的。纽约时报中文网编辑部出过一本电子版特辑《我们没驯化猫，是猫重塑我们》，意思与此相类。而每只猫必定都有不同的人生际遇，比如《年老的甘比猫》。

> 我心中有只甘比猫，她的名字叫珍妮点点；

---

1. 艾略特诗中对猫以拟人代词"他/她"称呼，本文提到这组诗中的猫们时，也沿用诗里的代称。

她的外套属于斑猫类型，带着虎纹和豹斑。

她整天坐在楼梯上或者台阶上或者垫子上；

她坐着坐着坐着坐着——成为一只甘比猫！

这个每天坐在楼梯、台阶或者垫子上的老猫珍妮点点，如同秋天公园里坐在长椅上晒太阳（比跳广场舞的人显得更有追求）的老人一样，对这个世界充满理解与谅解，甚至试图教育"表现不好""没有礼貌"的耗子——

所以她让他们在席上列队，

她教他们音乐、钩钩织织。

这看起来非常可笑，且不说耗子本来应是猫的敌人，如果我们把这个场景放进宫崎骏的卡通片里或许比较和谐，但是如果放在阴冷的日常现实之中，这可能就是一道类似《悲惨世界》中送给冉·阿让灯台的米里哀神甫的爱之光辉。而且这爱并没有终止于耗子，还波及"闲着而肆意乱搞"的卑鄙生物蟑螂——

所以她把这些无序的乡巴佬组成

一伙纪律严明助人为乐的童子军，

具有生活目标并且喜做好事——

这样的猫肯定不需要警惕，她需要更多的敬意，犹如艾略特借老负鼠之名倡议的："让我们现在为年老的甘比猫欢呼三次。"好吧，我欢呼第四次。

《年老的丢特洛诺米》和年老的甘比猫不同，虽然他们同样年老。甘比猫的志业是超凡脱俗的教育家，而丢特洛诺米却像一个长寿的历尽沧桑的历史学家或者通达之士。他目睹历史变迁，维多利亚时代，自己的九个或者九十九个妻子，众多的子子孙孙，村落的繁荣与衰败，仿佛太虚幻境之中经历红尘洗劫的顽石——

汽车和货车在路边碾过，

村民们贴出一张告示：**道路封闭**——

尽管社会如此巨变，年老的丢特洛诺米仍旧"安静地消化猫的美食"。他是《顺生论》的英国知音。而他对自己的要求和期待非常现实——

我步履蹒跚，我必须得慢慢走

小心翼翼的年老的丢特洛诺米！

这似乎可以作为所有面临晚年问题的人类的教谕，必须奉行不悖，或者适当行之。

猫如人，有多少种人就有多少种猫（这句话是否有资格入选《猫语录》，多丽丝·莱辛同志说了算）。勇猛的或者粗鲁的暴君猫格罗泰格，就不那么让人尊敬。他的事迹记载于《格罗泰格的最后一战》，他的外貌已经被他光荣的战斗"猫生"所浸染——

　　他的举止外观从不算计如何讨好；

　　外套撕裂而破旧，膝盖松松垮垮；

　　他的一只耳朵有点缺失，没必要告诉你为什么，

　　他从一只令人生畏的眼中横眉冷对敌意的世界。

破衣烂衫，耳朵残缺——这个外号叫"泰晤士之恐怖"的恶猫，所过之处鸡飞狗跳，还有左邻右舍的警告之声口口相传："格罗泰格跑出来了！"人或猫混到这步田地，知耻者早已改过自新，不知耻者却为人人惧己而洋洋得意。他不仅对异类凶狠，即使对同类不同种的猫，比如波斯猫和暹罗猫也是如此，对自己的同伙更是如此：他的恶棍伙计格鲁巴斯金失踪了，仅仅是因为这伙计弄湿了他的胡子。这样的暴君早晚都会面对其他受压迫之

猫的集体反抗。《格罗泰格的最后一战》后半部分记载了这次群猫起义。

格罗泰格和他的妻子或者情妇格里德伯恩夫人住在莫里斯港的一艘驳船上面。一个宁静的夏夜,月光朗照,由暹罗猫吉尔伯特率领的舰队开始攻击暴君:

> 伴随一阵可怕的烟花,他们一拥而上。
> 放弃他们的舢舨,他们的划艇和帆船,
> 他们封闭舱口堵住睡在铺位上的船员。

起义或者战斗结束。"格罗泰格却被一个闪烁而紧密的钢环套住",他的情妇或者妻子格里德伯恩夫人"没影了"或者"逃了"。格罗泰格的死法完全是海盗式的——

> 无情的敌人向前冲,倔强地排成排;
> 格罗泰格惊骇万状,被迫走上木板。
> 曾有一百个受害者就是被他赶着跳下大海,
> 结束他的罪行,他被迫跳下,扑通,扑通。

暴君之死普天同庆,不仅在英格兰,"还有在曼谷全都组织了一整天的庆祝"。尽管幽默滑稽,仍旧难以掩盖这场世界性的胜利。类似格罗泰格这样的暴君猫，我们仅仅具有警惕性是不够的，还须与之战斗。这是任何一种消极的人生智慧都回避不掉的。

与格罗泰格之战不同，猫与狗之间的战争似乎更能成为经典之战，但是这样的战争明显没有发生过。而据著名的猫狗历史学家艾略特的研究，一只兰巴斯猫介入过狗狗内战。战争起源是这样的：一只狮子狗 PK[1] 一只伯里克狗。但是让人讨厌的是艾略特的诗歌标题几乎概括了这场伟大战争的全部，以至于为我们留下极为狭窄的阐释空间。诗的标题是《狮子狗与伯里克狗的骇人之战：一起参战的还有一些哈巴狗和波美狗，而后介入的是伟大的兰巴斯猫》。两只狗对峙，仿佛古龙小说之中的西门吹雪与叶孤城——

> 他们没有前进，或者完全撤退，
>
> 他们盯着彼此，刮擦着他们的后腿，
>
> 然后他们开始
>
> 汪汪汪汪汪汪汪
>
> 汪汪汪汪**汪汪汪汪**

---

1. Player Killing 的首字母缩写，源于网络游戏，引申为"对决"之义。

此时此刻，"大警犬正在远离他的巡逻路线"，说明法律与约束已经废弛。

战斗开始之后发生变化。"所有的狮子狗"加入，其中与中文的相关联想让我觉得不过就是一种异域文风，如同伯恩哈德在《英雄广场》中说的某句话只是一种说明而不是为了特意赞扬某一国度，我们不必兴奋地抓住不放，信以为真。

对方的伯里克狗也不是孤立无援的——

> 因为你的伯里克狗是倔强的约克郡小子，
> 他漂亮的苏格兰表兄弟咬人也咬东西，
> 他们每一条公狗都是值得注意的战士；
> …………

有时我真的分不清哪里是人哪里是狗。"哈巴狗和波美狗不再置身事外"，最后兰巴斯猫出场，所有的狗全都逃散，他们是惧怕兰巴斯猫还是回避兰巴斯猫并不重要，因为史籍将之严肃地记入兰巴斯猫的功劳簿中。

> 这时，突然从一个小地下室的屋里走出来，
> 昂首阔步地走出来的只有伟大的**兰巴斯猫**。

他的眼睛仿佛恐惧而炽热的火球，

他打了一个大呵欠，他的下巴多么惊人；

当他巡视着走过这个地区的酒吧，

你从来没有看到过这么激烈的或者长着毛的东西。

呵呵，这几乎就是英雄史诗中阿伽门农的待遇。然而兰巴斯猫的"呵欠"却在无意之中泄露了事实真相。根据金泉忠明的《猫语大辞典》记载："打哈欠不代表猫咪累了，是因为它很紧张，打哈欠能放松它的心情。"所以兰巴斯猫的丰功伟绩多半出于故意的误读。

大多数猫都是普通的。艾略特绘制的群猫谱大多都是类型性的或者角色球员性质的。其中的拉姆·图姆·塔格尔是一只"古怪"的猫，稍微特殊一些——

如果你给他野鸡他宁愿拥有松鸡。

如果你把他放在房屋里他会更加喜欢公寓，

如果你把他放在公寓里那他宁愿拥有房屋。

他又是一只"狡猾而渊博"的猫（类似玛丽安·穆尔笔下"强大而狡猾"的猫咪，见《彼得》），一只挑肥拣瘦得寸进尺的猫。这样的猫本该让人讨厌，但是他的厌世或者淡漠却忍不住让人产生同情之心。

> 拉姆·图姆·塔格尔不喜欢搂抱;
>
> 但是他会在你缝纫的间隙中跳向你的大腿……

　　而且他又是一只不断走霉运的猫,因为"他总是处在每一扇门的错误一边"。这样的消极分子恐怕也无须小心,只不过要远离而已,免得被他的倒霉气息沾染。

　　而杰利克猫,浑身上下喜气多多,不仅不必远离,反而应该大肆亲近。

　　艾略特的教子,因为年纪太小,不能清晰地朗读dear little cat 的发音,总是含混地把它念成类似"杰利克猫"的发音。由此一来,艾略特便为大猫帝国增加了一支新的种族(而不是一只),并为之写了《杰利克之歌》。根据艾略特的猫诗改编的音乐剧《猫》中的《杰利克之歌》美妙动听,读者诸君不妨抽空一饱耳福。

> 杰利克猫快乐而光明,
>
> 他们的叫春悦耳动听。

　　他们无疑属于大猫帝国"外貌协会"成员——

杰利克猫拥有开朗的面孔，

杰利克猫拥有黑亮的眼睛；

············

他们在月光下跳加伏特舞和吉格舞。（让我想起《西游·降魔篇》里在月光下跳舞的舒淇，想起叶芝的猫诗《猫和月亮》："还有什么比跳舞更好？"）他们"保留他们舞蹈女神的力量 / 和杰利克月光一起舞蹈"。场面多么令人愉悦，完全可以称为奇迹，而"奇迹被称作是爱，/ 是接触的思想，是一只裹在丝绒怀中的猫"（米沃什《猫的插图》）。

人生有好有坏，正如人群之中总有左中右。"蒙哥杰利和罗普兰蒂瑟是一对臭名昭著的猫。"坏人倾向于成群结队，而小偷喜欢形单影只，但是《蒙哥杰利和罗普兰蒂瑟》中这俩小偷猫却喜欢团伙作案。他们偷抽屉里的冬款背心，偷姑娘的珍珠，偷厨房里的食物——

厨师从帘幕后面走出来

用一种被悲伤摧毁的声音说：

"我怕你们必须等到明天才能吃上晚餐！

因为烤肉已从烤箱里消失——就那样儿！"

厨师不是巧妇，但是仍旧难为无米之炊。

这对小偷搭档贼名赫赫，却"喜欢吸引友好的警察谈心"，这不禁让人迷惑不解或者装作迷惑不解。艾略特在儿童诗中偶尔流露本性，正如我们在阅读之中碰到的类似声音——

> 当你听到餐厅里破坏的声音
> 或者从厨房传来一声响亮的碰撞
> 或者从藏书室传来一声响亮的砰
> 来自一个据说是明代的花瓶——

这种破坏性场面本来应该唤醒愤怒的力量，但是有时我却觉得有趣，不仅因为这对贼猫打碎中国明朝花瓶，还因为贼猫之恶大多是在人类容忍的范围之内。如果出此范围呢，状况恐怕就非只言片语所能说明。我们在象征和现实之间转述与描述艾略特，问题恐怕不在于诗本身，而在于此时此刻的切肤之痛。翻译与阅读都是一样的妙药，即使针对不同人生。而从这对贼猫的命运之中我们仍能感受人生的点滴乐趣。这种遭遇和暴君猫的遭遇截然不同。因为暴君猫无论如何极难让你产生审美乐趣。话虽如此，柏林邵宾纳剧院演出的《理查三世》展现暴君个人魅力与迷惑性，却已初见剧场笑果 / 效果，不免让人忧虑，虽然莎士比亚赋予的结局奋力将这种鬼魅的魅力从深渊之中强行拽回。

《麦卡维蒂：神秘猫》是独角大盗，是犯罪之王，本事比小偷兄弟强太多了，而且神出鬼没（所以被称为神秘猫），四处作案。"他是苏格兰场的困惑"，"他是一个长着猫形的恶魔，一个邪恶的怪物"（里尔克的《黑猫》则是"一个幽灵"），"是犯罪界的拿破仑"。他的罪恶包括——

　　当储藏室被抢，或者珠宝盒被劫，

　　或者牛奶失踪，或者又一条狮子狗被扼杀，

　　或者温室玻璃被打破，格架不复修理——

抢劫、盗窃、凶杀、破坏，甚至涉及国家政治与军事计划——

　　每当外交部发现一项条约误入歧途，

　　或者海军部丢失某些计划以及绘图，

　　可能就是大厅里或者楼梯上的一张碎纸——

从猫的角度来说，绘图不过就是纸张，而从人类角度来看则别有用意。一旦将人类意图引进，猫诗的趣味性和隐喻性也就得以暴露。但是更多的时候只是让我觉得好玩儿而已，想得太多反而伤及其中的趣味性，因为我相信艾略特的初衷仅仅是趣味而已。

写魔术猫的《密斯托弗里先生》，其实更像一个从儿童神奇视角解释的平凡故事。比如魔术猫玩牌玩骰子什么的都不算稀奇，而把刀叉挪移到草坪上，或者"从一顶帽子里变出七只小猫"，则多少让人惊讶。但是我们照样可以从中找出原始解释和事实真相，只不过这样做有点儿煞风景的意思了。值得说的反而是写作技术。如果我们倒退回去，或许又能发现化平凡为神奇的写作方法。每一种事物都是可以转换的，只不过需要我们换一双眼睛，比如说我们给猫穿上人类的衣服之后，就会发现它们之间相互转换与相互交融反而更能产生魅力。

《格斯：剧院猫》和《史金伯旋克斯：铁路猫》里有两个典型的人物角色：一个在剧院里，一个在铁路车厢里；一个被认为是演员，一个被认为是监督员。从角色看待它们，我们会获得更多的乐趣或者启发，甚至可以像穆瑞尔·史巴克一样，去写本《猫咪怎样振作你的创造力》。

格斯的主要特点是过气。这让我们联想到许多类似的过气人物，他们曾经辉煌过，而今只能靠回忆打发时光。格斯处境让人怜悯，不仅因为他的现在——

他的外套非常寒酸，瘦弱犹如一个耙子，
而他患有麻痹使得他的爪子颤动。

更因为他的过去充满温馨的回忆——

他和欧文演过，和树演过。
而他喜欢在大厅里叙述他的成功，
顶楼曾给他七次猫的欢呼。

而且更让人忍俊不禁——

他曾经演过一只老虎——还能再演——
在那里被一个印度上校追下阴沟。

聂鲁达在《猫之梦》里说，猫的个头很大，比"老虎的祖先"还大，所以由猫扮演老虎并没有委屈老虎。而每个人在人生舞台上都可能面临同样的处境。不过，有东西可以回忆也蛮好的，总比由空虚填塞其中更有味道。而铁路猫几乎就是恪尽职守的员工翻版——

> 从司机、警卫到玩牌的邮袋分拣员
> 他监督他们的一切，或多或少。
> 沿着走廊，踱着步，检查头等车厢和三等车厢
> 所有旅客的脸

正是因为他的存在——

> 当你溜进舒适的铺位
> 然后拉起床罩，
> 你应该体会出它有多么美好
> 并且知道你不会被耗子困扰——
> 你可以把一切都留给铁路猫，
> 铁路火车的猫！

铁路猫的责任感似乎仍与它的原始本能相关。而《巴斯托佛·琼斯：城市猫》，大腹便便，几乎就是我们在喜剧电影里经常碰到的某类人物："它们沉思冥想，那高贵的姿态 / 像卧在僻静处的大狮身女怪，/ 仿佛沉睡在

无穷无尽的梦里"（波德莱尔《猫》，郭宏安译），而且衣饰讲究，饕餮如狂，几乎热爱日常生活之中的一切，虽然外表看起来有些平庸，但却堪称支撑主流社会的小布尔乔亚栋梁。

> 他保养这么好是因为他觉察到
> 全部生活只是一个惯例，所以他才这么说。
> 或者，给它押上韵脚："我将延续我的时间。"

"全部生活只是一个惯例"，我们从中能够感受艾略特的讽刺意味，但是我们仍旧把这当作一种单纯的乐趣，正如不少人从猫这种动物身上获得生活乐趣一样（爱德华·利尔说"他与猫共舞"），它与人类生活恰恰可以构成相互比对的两种样本或者两面镜子，彼此看到彼此，相似而又相反。当然这不绝对，更可能仅仅是一个玩笑而已。正如凯瑟琳·罗杰斯在《猫》中描述的猫历史及相关的文学史旅程，在煞有介事或者一本正经的风味之中让我们仅仅为单纯活着而快活，为琐碎生活之中偶尔出现的猫诗（冒失）而快活。

更多的爱猫者则把猫当作自己的家庭成员甚至伴侣，他们甚至不需要保罗·葛立轲的《猫语教科书》就能与猫进行腹语交流，而艾略特写给自己的生活指南《老负鼠的实用猫经》，不管给诗人提供多少经验或者教训，我们从中获得的会心笑声都已证明：猫诗的真正用途可能不是认知方面的，而是纯粹感官娱乐方面的，尽管我们和老虎一样已经得到猫的早期教育。猫呢，其实"属于另外一个年代"（博尔赫斯《猫》），与当代人类并无瓜葛。或者某一天，我们也坐在秋天公园的长椅上，回顾自己短暂而无聊的一生，我们肯定顾不上抱怨不公或者屈辱什么的，而可能像基德船长的猫一样，关心眼前事物，"我猜大概我的耳朵没有以前那么灵光了"，正如我在《猫追着自己的尾巴》里写的，"他把自己想象成泥鳅"。

　　猫其实是把自己想象成了泥鳅，嘿嘿——顺便提醒你一句，你的眼镜掉下来啦。

奥登的晚年诗[1]

查尔斯·奥斯本是奥登的友人，与其交往二十余年。他在 1979 年出版的《奥登传》中提到 1973 年的一次访问。1973 年是奥登生命中的最后一年。这年 5 月，奥斯本来到维也纳郊区 Kirchstetten（中译为"基希施泰滕"，位于维也纳西南郊）。奥登脚步蹒跚地站在奥斯本面前。奥斯本发现，他远比前年冬天还要苍老，正如亨利·摩尔的经典描述："他的脸极度粗糙，深深的沟壑仿佛穿过田野的犁痕。"当我在卡希那幅著名的肖像摄影中看到这一面部特征时，我内心深处不禁涌起伤感而迷乱的波澜。这张肖像摄自奥登重返故里的 1972 年，拍摄地是老友斯蒂芬·斯彭德的伦敦花园。比奥登小一岁的尤素福·卡希一边端起相机一边打量此时此刻的奥登："那个他客居纽约时在阵阵因思乡而起的抑郁心潮中深深向

---

1. 本文中引用的诗句均为本书作者所译。

往的地方，当他回到英国时已不复存在。像是某种不祥的预兆，他与我妻子谈了两个小时关于他已故的朋友。他不停地吸烟，谈话常常被撕心裂肺的咳嗽打断。"范佳毅的这段译文仿佛旁白放在奥登肖像的左侧。照片中，奥登两手插在方格西装的口袋里，两眼安静地看着右侧的某处。在他身后的花园中，黄昏的光影不停地变幻摇曳，树木看上去仿佛神秘的波斯地毯。

在爱德华·门德尔松编辑的奥登《诗汇集》里，写于1973年的诗共有九首，其中一首是跨年度的《短诗》，其中三首写于5月，它们分别是：《谢谢你，雾》《不，柏拉图，不》和《感恩节》。

《谢谢你，雾》是奥登晚期代表作之一，在他逝世之后出版，表现奥登对英国的典型天气——雾的怀念之情。此诗从纽约之雾开始。客居多年，奥登已经习惯这里的冬雾。或因某根敏感的神经，冬雾让奥登猛然想起大西洋彼岸多雾的英格兰——"现在当地的知识再现眼前"。虽然雾气造成飞机停航，汽车在城际公路踯躅抱怨，"但我是多么高兴 / 你被引诱去参观 / 威尔特郡迷人的乡村……"奥登在不列颠之雾的回忆中享受着细微的快乐。门外：乌鸫与歌鸫欢快地鸣叫，而"树巅，隐约可见 / 沙沙作响停在那里，这样 / 有效地浓缩 / 你的湿气为明显的水滴"; 门内: "舒适, 适合于 / 怀旧与阅读, / 纵横字谜, 嗜好, 享乐: / 用一顿美味的晚餐 / 提神, 用酒使人愉悦……" 英格兰美景让奥登流连忘返, 而现实的纽约呢? 景象是那样幽深: "夏日将不会 / 驱散一切阴暗 / 投下它的是日报, / 粗糙的散文令人作呕 / 肮脏的事实和暴行 / 我们过于沉默而未加阻拦……" 阴暗由粗恶的文风与肮脏的暴行联合制造, 但其中是否也有我们的责任? 我们的沉默与毫无作为, 或许就是暴行得以放肆延展的诱因之一。晚年奥登在怀旧的同时仍然保持自省的精神。他头脑冷静, 音调清晰, 与奥斯本看到的苍老存在着细微的差异。奥登深深感激雾所馈赠的快乐和警示: "因为这个特殊的时期, / 这样的宁静也是这样的快乐, / 谢谢你, 谢谢你, 谢谢你, 雾。" 他对雾连说三声"谢谢你", 平静而深沉。

《不, 柏拉图, 不》是首反柏拉图的诗, 因为奥登一向认为肉体就是一个将遭解雇的奴仆: "是的, 它多好啊我的肉体 / 正在为要死的'他'祈祷, / 因此给了她自由并成为 / 不承担责任的物质。" 肉体, 祈祷, 自由, 这几乎就是奥登的人生三部曲。

《感恩节》是了解奥登文学与思想谱系的重要诗篇, 它清晰地梳理了师承之树以及成长所受的诸种影响。奥登的精神之旅是从对自然和社会的分辨开始的。"少年的时候我就感到 / 长有石楠的荒原和林地是神圣的：/ 人们似乎是那样的世俗。"亲近自然，疏离社会，这正是精神独立的肇始。"就这样，我开始写诗，/ 我不久就坐在了这些人的脚上 / 哈代和托马斯以及弗罗斯特。"这与奥登某一访谈录的口径一致，我记得他一张口就说：我从来都是一个形式主义者——这让我感到前所未有的振奋。哈代和弗罗斯特是写乡村生活的大师，爱德华·托马斯则是在一战炮火中辞世的天使。他的诗朴素沉静，以震撼性的细节为世人呈现日常生活的卑微。紧接着，奥登谱系获得扩展："叶芝是个帮手，格雷夫斯也是。"叶芝家喻户晓，而格雷夫斯则较生僻，他以《战争诗抄》闻名于世。罗莎·蒙特罗在其《女性小传》中提及"罗伯特·格雷夫斯是一个年轻而又心理脆弱的天才"。在"没有警告，全部的 / 经济就突然变成了泡影"的时代，布雷赫特使奥登认识到自然科学的狭隘性。布氏是德裔美国政治学家，曾被希特勒政府逮捕，他认为最终价值是不能由科学验证的。二战降临，"希特勒和斯大林……/ 强迫我思考上帝"。奥登背井离乡，虽纯粹出于个人原因，但也不能否认与欧洲时局及那两个遮蔽 20 世纪前半叶的强权人物有关。"我为什么肯定他们错了？/ 狂野的克尔凯郭尔，威廉斯和刘易斯／指引我回归信仰。"奥登从西班牙归来之后，在出版商办公室里遇到一位英国国教徒。他在《现代坎特伯雷的朝圣者》中记述了这次会面所引起的震动："在生命中我首次感到个人神性的存在。此前我曾遇到一些善良的人，他们让我羞耻于自己的缺点，但是在这个人在场的情况下——我们除了文学事业从来不谈别的什么——我却没有感到羞耻。我彻底变成不做或不想卑鄙或无爱之事的一个人。"奥斯本披露，这个没点名的人就是深深影响奥登的小说家和诗人查尔斯·威廉斯。C.戴－刘易斯是奥登终身挚友，他后来的转变不啻奥登的一面镜子。移居美国之后，克尔凯郭尔的存在主义神学渐渐取代左翼思潮和心理分析对奥登产生重大的思想影响，这有奥登1952年所写的《克尔凯郭尔的生命观》为证："现在，我经过这几年成熟了／……大自然再一次诱惑我。"也许到了晚年，自然才对成熟的奥登重新构成吸引力。他怀念终年笼罩迷雾的英格兰，这或许是他重回牛津的潜在动因之一。"谁是我需要的家庭教师？／好吧，贺拉斯，最熟练的制造者……""歌德，把自己奉献给了石头……／牛顿把科学领向了迷途。"贺拉斯、牛顿这两位巨人为奥登提供的也许是更为深刻的教训，而对那位《浮士德》的作者，奥登也曾表示自己要做"大西洋的小歌德"。对他们，奥登何止感激："我天真地思考你们的一切：/ 没有你们我就不能应付 / 甚至是我最弱的诗行。"诗的发动机隐藏在大地深处。

1973 年 10 月 4 日，奥登的遗体被安葬在 Kirchstetten 的泥土之中。他之所以被称为伟大的诗人，正如他的学生丹尼尔·霍夫曼所言："不仅因为他在书写自身之时书写了自己的时代（诚如艾略特所说，伟大的诗人理应如此），更因为他为诗歌想象力做出了表率，舍此我们的文学将变得十分贫乏。在一个疯狂的年代里，他是一位张扬理性的诗人；在一个丧失信仰的年代里，在左翼思潮和心理分析之后，他在英国国教之中找到了精神天堂。"对他自己而言，诗不能阻止希特勒屠杀犹太人，不能阻止战争停止一分钟，也许一切不过是应和约翰逊的名言：写作仅仅是让读者稍微享受一下生活的乐趣，或者忍受生活的痛楚。而依我看来，诗歌完全能够阻止屠杀和战争。我清晰地明白我这思想的原因：我太年轻了，或者说我过于乐观。

奥登的涂鸦

最近边译边读了一本奥登的诗歌小册子，名字叫《学术涂鸦》，是关于名人的幽默讽刺诗。也有人叫它打油诗。在中国，打油诗作为一种诗体有些贬损的意味，而在欧洲，名之为打油诗只是取它通俗的含义。这在本质上就是不同的。这就是说，打油诗在西方的诗学传统里是有地位的，而中国的打油诗只是作为文人生活的一种点缀而已，并没有发展和壮大的可能性，比如"黄狗身上白，白狗身上肿"之类，笑笑也就过去了。

奥登所采用的这种诗体，正规的名称叫"克莱里休四行体"。克莱里休·本特利是英国记者、小说家和诗人，1905 年，他在写作《传记入门》时创立了一种新型的轻体诗，每首四行，前两句尾词押一个韵，后两句尾词押另外一个韵，第一个韵由所咏人物的名字来决定，是专门用来书写人物的，讽刺之中夹着幽默，轻松而且活泼。

后来这种诗歌结构就被学术界称为"克莱里休四行体"或者"克莱里休体"。轻体诗是英诗传统中一个非常重要的诗体类型，近年开始被中国诗歌界所关注，以其为对象的具有个人特点的研究和书写也正在谨慎地进行。

《学术涂鸦》，奥登1952年开始书写，1970年完成，共六十三首。他的学生约翰·霍兰德在自己编辑的《美国妙语：轻体诗选》里收录了其中三首。我认为，这本《学术涂鸦》充分体现了奥登作为一个大诗人的多面性，对中文诗歌的书写者是有比较大的启发性的，尤其对于正在萌芽的中文轻体诗更是如此。

这本诗集的副标题是《纪念奥格登·纳什》。奥格登·纳什是美国一个很有名气的幽默诗人，一辈子出了二十多本诗集，有不少的追随者。《学术涂鸦》出版于1971年，这也正是纳什告别人生的年头。以幽默回抱（不是回报）幽默诗人，正是奥登对同行最好的纪念了。

第一首，奥登写的是自己，有序诗的意味，也是"幽"自己一"默"。"我的首名，威斯坦，/押韵于特里斯坦。"把自己和古代骑士相联系，想必是很骄傲的。然而奥登笔墨一转："但是——噢，天啊！——我只希冀 / 我真的不是这样一个傻子。"小时候，奥登的妈妈带他去看过瓦格纳的歌剧《特里斯坦与绮瑟》，大约妈妈对他说过，你长大了也要成为这样的英雄。现在奥登自己却说，那个骑士不过是个傻子而已。多少有些刻薄。

《学术涂鸦》里写了很多名人。奥登大拿自己的同行"开涮"。他说布莱克不懂牛顿和培根，歌德头发掉光了就显得更简洁了。布里奇斯是奥登喜欢的诗人，奥登对他则报以幽默，说摇蚊对他一阵猛咬也仅是履行给他美感的责任。布里奇斯写过一本《美的契约》，名气很大。奥登如此坏坏的样子很是可爱。写勃朗宁则用了双关语，他脸红的时候，他的狗则向他摇尾巴。那狗的名字也有"脸红"的意思。对但丁，奥登倒是很尊敬的，但又点出他那位永恒的女性和他怎么怎么了。而格雷维尔守着大海写诗，海浪涌上来一圈，他的诗歌就糟糕一圈，意思是他的诗不够好并不是因为他离大海太近。说哈代从不迟到，赫伯特在餐厅连个果汁都不会叫，马拉美从不让纸张空着，弥尔顿从没住过舒服的希尔顿酒店，蒲柏老想给自己弄个一行墓志铭，罗塞蒂喝了哥哥给的鸦片茶竟然还觉得不错。萨克雷呢，喝一杯酒就流眼泪，觉得自己不是什么好人，真是自省到家了。不管多乱，特拉赫恩也能认出谁是天使。瓦雷里没钱总是走路回家，边走还要观察自我。王尔德看到自己哥们儿戴着羊毛帽像个茶壶套就乐不可支。T.S.艾略特参加文学活动，一个女粉丝（fans，热心的追随者）穷追猛问："你那个《弗洛斯河上的磨坊》写的是什么意思啊？"殊不知，那根本不是这个艾略特写的，而是女作家乔治·艾略特的大作。男艾略特何止是困惑，应该哭笑不得啊！说了解叶芝不用研究写作日期，你把他对螺旋体的见解和他深恶的那种人弄明白就行了。而对诗体学者，奥登一点儿都不客气，他说比希里女气，格斯特则是强调重音的害人精。

奥登还写了一些作家、政客、女王、音乐家、医生、哲学家、主教等等。他说大名鼎鼎的亨利·亚当斯怕女人，阿奎那把葡萄酒当药，马丁·布伯不对土豆说"你"（布伯写过一本《我与你》，中文有三联书店版，20 世纪 80 年代大火过一阵）。植物学家弗里斯写诗，名字严肃而古怪，叫什么《木质部和韧皮部》。狄更斯更怪，不和鸡说话，却和兔子聊天。写《弥塞亚》的韩得尔（亨得尔）在英国叫德国名字就受欢迎，叫英国名字就没人待见。（原来在英国也是"外来的和尚会念经"！）海顿只听自己的音乐，多少有点自恋。怎么骗黑格尔为《现象学》认错都成功不了——多倔的哲学老头！亨利·詹姆斯从不说什么夫人，就说女人，而且还加上引号——他一眼就看出了这种雌性动物的本质。大人叫年幼的康德吻姑姑，康德把分寸拿捏得极为恰当，不像个孩子所为。苏格兰的玛丽女王会系最复杂的结，却不会烘烤最简单的蛋糕。血腥镇压新教徒的玛丽女王，自己的替身却是一个新教徒——多么实用的女王，原来她的信仰也是可以折中的。司各特稿子上弄上了墨点就大发雷霆，然后撕掉重来（这种洁癖我也有过，甚至有过之而无不及）。苏格拉底的老婆，总是骂这个大哲学家为什么不是大医学家希波克拉底（真是不知足，难怪她在西方词典里是"悍妇"的代名词）。

奥登的《学术涂鸦》，不仅韵脚押得严谨，修辞手法也多种多样，双关语尤其多，很多隐含的意思还需要阅读的时候用心体会。他所使用的语言以英语为主，还涉及法语、德语、意大利语、拉丁语。王敖曾对我说过，奥登的双关语不好把握的地方，不仅是它照应着英语中的另外一个含义，同时还可能照应着法语中的一个含义。读《学术涂鸦》就像吃橄榄，越吃越有滋味。我的译读只是方便之门，领会妙处还要靠阅读者自己的语言修养、诗歌修养以及某种悟性。读到妙处，真是颠倒手足，乐趣无限啊。诗歌的快乐在这里就体现出来了。

我站在奥登一边

　　和别的文学人物一样，奥登树大招风，一举一动，都被业余读者和专业读者构成的联合侦探小组盯梢偷窥。现在人开明，但却对他晚年从早年的左翼倾向转向克尔凯郭尔主义大为不满。这固然有知识分子传统作祟，但也有其他更加复杂的原因。

　　我却觉得，这就是奥登的人生，是他自己主动选择的生活，或者略微唯心一点说，是命运使然，干卿何事？多嘴人，你尽管多嘴。但读者起码要多一个心眼，应该清楚一个再简单不过的朴素道理：除事实之外，文学批评从来就不能代替生活本身。它是有意义的，但对于作者的人生也许毫无意义。再往大里说，文化的意义也不是人生的意义。这话说得有点绝，不是我固有的谈话风格，但绝就绝了，又能怎样？分开有分开的清楚，综合有综合的精确，但综合不妥，就是混乱与干预。

1939 年，奥登离开故乡。他的大脑并没有进水，思路极为清晰，就如四年前为营救犹太女人爱利卡·曼而快速决定和她结婚一样。苛责其逃逸未免太不厚道。当时的欧洲空气异常压抑，谁知道灾难何时降临？难道美国就是天堂？"我们必须相爱否则死亡"（王希苏译），初到美国，奥登写下了这句多少有些浪漫的诗行，或许他以为，所谓"宇宙间普遍的爱"就能拯救堕落的人类。我毕业之初，何尝不如是？甚至把爱当作唯一的救命稻草。这样的人生最后必然如《伤逝》一般，脆弱、苦痛，非但不能抵抗死亡，反而还变成抵达死亡的捷径。这样解说可能悲观一些。奥登就不这样考虑，而是严肃地认为死是早晚都会发生的事情，所以他最后将诗句修改成"我们必须相爱而且死亡"，这看起来似乎有些严肃得近于迂腐。

奥登精通英诗格律，乃至方言俚语，所写之诗结实饱满，内涵深邃。外表看上去比较传统，也因此引起若干误解和争论。我译其克莱里休四行体《学术涂鸦》，坊间评语中也多出"迂腐"二字，我听后微笑不语。北岛也曾回忆：帕斯请其吃饭，谈起奥登，北岛不认为他有原创性，结果帕斯急了，反驳道："要是奥登都没有原创性，你说谁有？"我极其赞许帕斯的反应，跟上一句：

是啊，谁有？

孔子云："不知生，焉知死？"而奥登却遵循两希传统，从死亡开始认识生活。修改诗句之后，奥登仍然不满意，他在其中发现了另外的问题：它"染上了无可救药的虚情假意"。他甚至轻蔑地称它为"英国的遗物"，最后将之从全集中删除。布罗茨基在《奥登诗〈一九三九年九月一日〉析》这篇辩护词中说："诗歌不是报道，它的消息应该具有永恒的意义。"所以文学的社会性是独特的，并不如某些人想的那么切近，也不如某些人想的那么遥远，它有自己合适的位置。所以我赞赏"介入"这个看似轻微的词汇。

早在 1932 年，他曾写下《我站在哪一边》，似乎迷惑而惘然，但我则非常清楚，必须站在奥登这边，哪怕是从清晨到午夜，当然也从生到死。

拉金的英伦腔调

英国人喜欢英伦腔调，在二战之后的英国诗人中，菲利普·拉金的英伦腔调是相当纯正的。

这里的腔调不是指戏曲的系统曲调，而是声音和语调，类似"步虚声里带淮腔"。而离安徽不远的上海人说谁"有腔调"就是说谁"有风度"。而拉金就是一个讲究风度的诗人。

有风度的人不能随便，有风度的诗更是如此。写什么怎么写都有自己的规矩，即使不是森严壁垒，也是严格肃然。众所周知英文是渐渐规矩起来的。草野气息渐渐消逝的背后其实就是一种登堂入室的文化气息的成熟和蔓延，当然你也可以认为这是原始味道或者生命力的迷失，或者创造力的迷失。但是谁说创造力就一定是赤身裸体、衣衫褴褛而不是西装革履的？俗话说"翻手为云覆手为雨"，阐释角度和丰富性这对冤家真是无处不在。

人类从野蛮艰难地进化到文明，规矩之贡献无论如何不能删除，正如拉金的诗《采集木头》之蕴藉——

> On short, still days
> At the shut of the year
> We search the pathway
> Where the coverts were.

> 在短促，宁静的日子里
> 在一年的最后时分
> 我们搜寻着小径
> 那里有动物隐藏的树丛

尾韵的形式结构是 ABAB，days 和 pathway，year 和 were，韵律舒服。节奏也是清晰的：on/short/still/days——at/the shut/of/the year——we/search/the/pathway——where/the/coverts/were。细看三、四两句关键词 pathway 和 coverts 的轻重音分布情况，说它们分别是两个抑扬格，或者近似两个抑扬格没什么问题吧。好听悦耳，当然还有一些细致的甜蜜。这些东西合在一起其实就是规矩，就是传统的英诗格律。自由诗大行其道本来没什么，但是把格律诗视为"死板"的代名词，就和把"自由"视为"胡来"的借口一样，都有逻辑问题。

有人认为尾韵是形式包袱，甚至认为它即使不是陈词滥调本身，也是其同党。这是经验之谈。但是如果把层次抬高，就非如此。我并非为拉金辩护，自负的拉金不需要任何辩护。

格律本身始终就在那里放着，而在写诗之中，韵律的实际变化其实非常微妙，而且在规矩之中，更能找到创造的快乐。

拉金恪守规矩，也能巧妙发展。《采集木头》后面两节的尾韵的形式结构就不再是 ABAB，而是 CDCD，EFEF。交叉两韵，可谓严谨；韵分多类，可谓灵活。

曾经有人问诗人奥登："你推荐哪些诗人必备的行业书？"奥登回答："圣茨伯里的《英语韵律学史》，十三卷本的《牛津英语辞典》。这部书我有两套，一套在奥地利，一套在此地。"而奥登本人正是拉金"看得起的诗人"名单中比较显赫的一位。

自由诗的天才往往是历史追认的，当代眼睛难得看见，但如非要以格律诗取代自由诗同样是脑子进水。所以我宁愿把拉金的"反现代主义"当作一种个人的写作奥秘，而非大力倡导的群众诗歌运动。聪明人都知道在诗歌那里有太多个人性的选择。

　　拉金之所以被这么多同行推崇,包括罗伯特·洛威尔,就是因为他突出的形式控制。而读者之所以推崇拉金——物质证明就是他一本只有四十六页的诗集《降灵节婚礼》竟然卖了七万多册——肯定是因为他的作品效果。当然,在文化修养比较高的英国人那里,欣赏规矩的人想必也不是少数。内行人看门道,外行人看心情。

　　如果拉金一贯政治正确,一贯道德正确,再加上规矩的形式,那么他充其量也就是一个现代版的弥尔顿——当然这样也非常厉害。但是他不同,他的政治是"大英国主义",用他的词就是"英国性"或者"英国精神",所以他才在《向一个政府致敬》里挖苦英国把海外殖民地的士兵撤回来:"明年我们带士兵回家/因为缺钱……"

　　拉金的道德是"大男子主义",所以他才和女友莫尼卡·琼斯缱绻多年也不结婚。他在"假想"的诗《给我的妻子》中表现出对婚姻的畏惧。他自找的理由是:"因为选择了你,我的孔雀屏合上/未来已经过去,其中充满诱惑地伸展着/精致的天性所能伸展的一切。"把它翻译成普通话就是:就因为和你结婚,我这个美丽的雄孔雀再也不能张开屏风似的大尾巴吸引其他女人了。拉金后面的诗句还有在道德家眼里看来更过分的:"为了你的脸我就交换了所有的脸"；"为了你很少的财产我就贱卖了那件塞得满满的 / 行李，那件带面具的魔术师的礼服"[1]。一夫一妻制度压抑天性取缔自由？七万多个购书者里肯定没有多少女人。

拉金说"工作"是只"癞蛤蟆"，但他却一丝不苟地在图书馆里工作了一辈子。与其说他厌世，不如委婉地说他发牢骚；与其说他看透婚姻的本质，不如宽容地说他没经验。

拉金是雅皮士。他的诗是把形式的"正"和内容的"不正"——不能说是"歪"或者"斜"或者"邪"——结合起来，形成一种表面相悖而在拉金自己看起来却十分统一的东西。正是他优雅的规矩形式才使他麻辣的尖锐表达成为可能。

我没有引述拉金诗中关于性的粗口。他的粗口并非美国电影的人物身份和修辞，而是一种犯了忌讳的真实。他说自己第一次"性交开始于 /1963 年 / （对我来说相当晚了）"，而一般人羞于谈及这个问题。拉金的真实想法是写 1963 年，是写《查特莱夫人的情人》禁令的结束[2]，是写甲壳虫乐队发行首张唱片……"所以生活永远不会比

---

1. 菲利普·拉金：《菲利普·拉金诗选》，桑克译，河北教育出版社 2003 年版。
2. 劳伦斯的小说《查特莱夫人的情人》于 1928 年出版后被禁多年，直至 20 世纪 60 年代初，有关于它的禁书令才通过诉讼得以取消。

/1963年更好/（虽然对我来说太晚了）"，残酷，但是真实。所以他把这一年，把这首诗命名为《奇迹迭出的一年》，对于一个从男孩变成男人的雄性动物来说的确如此。

拉金生活的年代正是"愤怒的青年"执政的年代。拉金的哥们儿金斯利·艾米斯就是英国著名的"愤青"。艾米斯的女儿过生日的时候，拉金为她写诗庆祝。他不祝愿她"美丽"，而是祝愿她"不丑，也不好看"，"没有一个方面稍微出格"，似乎有点古典主义的意味，而"其实，我是想祝你做一个乏味的人"。惊世骇俗。但是拉金所说的"乏味"带着一大串限制语："如果我们这样称呼一种高明的，/警醒的，柔韧的，/没有强调的，痴迷而且/富于感染力的幸福的话。"看拉金不能看他的表面和侧面，而要全身上下打量。

同样都是忠于生活的诗人，帕斯捷尔纳克多少有些感伤，而拉金却把讽刺、幽默、享乐、隐喻、虚伪、真实放在英伦腔调之中，描绘他所看见的或许并不全面的当代生活："生命首先是厌烦，其次是恐惧"；"我们将幸存的东西就是爱"。

在缪佐显出全部魄力

写东西快乐，但此快乐不足为外人道。写东西艰苦，此艰苦亦应长埋地下，即使变成化石，也无从追寻。艺术家或诗人，你的苦是你自己的，你的孤独是你自己的，别指望别人承担或宽解。一旦有所指望，你即使不崩溃，也得被迫辞离你曾选择的孤独者序列。来生的荣誉更加虚妄，你唯一的报酬就是孤独本身。快乐也是微妙而精细的，甚至无法传达给任何一个试图谋求分享的人。

几乎每一个同行、每一个从业者，均是如此。里尔克于 1913 年出版《玛利亚的一生》，之后十年，未曾再出版一个字。这十年里尔克过的什么日子？"浩劫"，用在此处过于严酷，而"干旱缺雨"却十分贴切。你我了解，用词稍有改变，理解也就跟着转变，仿佛城头之旗，多一星，或少一条，一切也就分如地狱与天堂。由词语用法，忽然忆起中国旧制，其谓人之伦常，从名位开始。

譬如，为君主及长者讳，遇其姓名，必缺笔以示敬重。对长者，或许如此；对君主，难免搀杂畏惧。故此，每当看到缺笔，不应视为错字，而当看成对于强权的恐惧。

话似扯远，再回至里尔克。这十年之间，一战的硫酸，腐蚀诸人性命，也侵扰知识分子的灵魂。而此际，里尔克身心俱病，危机重重，后来他在致莱奥波德·封·施勒策尔的信中这样陈述："战争期间，我几乎，确切地说偶然地，每年都在慕尼黑，等待着，一直在想：这日子一定会到头的。我不能理解，不能理解，还是不能理解！不能理解：是的，这就是我在那些年里所做的一切，我向您保证，那不能理解的日子可真难捱啊！"（魏育青译）

晚年，里尔克离群索居。长期困顿之后，他终于在荒凉偏僻的 Muzot（中译为"缪佐""穆佐""米佐"或"慕佐"。孔乙己说"回"字有六种写法，而我之所见，此地名也有四种译法）城堡写出其最杰出的作品：《杜伊诺哀歌》与《献给奥尔甫斯的十四行诗》。这一年就是十年之后的 1922 年。也就是在这一年，瓦雷里写出巅峰之作《幻美集》，T.S.艾略特写出开一代风气的《荒原》，乔伊斯则写出 20 世纪最伟大的英语文学著作《尤利西斯》，一时之间，欧洲夜空，星光璀璨。

奥登唯一的一次中国之行，留下一组《中国十四行诗》（即《战时》，收入与伊修伍德合著之《战地行》），其中第十九首写道："今夜在中国，让我来追念一个人"。这个人就是十二年前逝世的里尔克。奥登是里尔克的知音之一，他在诗中道出其中深藏的秘密："他经过十年的沉默，工作而等待，/直到在缪佐显出了全部魄力，/一举而让什么都有了个交代。"（卞之琳译）其中一句原文是"Who for ten years of drought and silence waited"。drought的词义包含"长期干旱"或"长期缺乏"之义。这直接见证里尔克的等待之苦，虽然当时他对此并不完全理解，但仍有力地实施曾雇其为秘书的罗丹的口号："永远工作！"用我的友人朱枫在我《毕业纪念册》上的留言与之对译，则是："活着干，死了算！"是的，活着就干吧。艺术不过是劳作之一种，自必经过漫长的沉寂与荒凉，这其实也是作为艺术家的必然代价，没有任何人或事物能够奖赏你，陪伴你的或许只有托尔斯泰墓侧的野草而已。

今年是里尔克诞辰一百三十周年[1]，仅以这篇短文纪念这位杰出的诗人，他曾是我黯淡岁月的"年度君主"。

---

1. 本文写于 2005 年。

里尔克的终结与重新『开机』

正如里尔克曾将李利恩克龙视为他的"年度君主"，我也曾将里尔克视为我的"年度君主"。甚至"年度君主"这个词我也是从他那里学来的。不知道是因为这位"年度君主"已经黯然"下野"，还是因为自己近年精力不济，我早已失去当年的热情——几近疯狂地搜罗关于里尔克的一切，其中至少包括一个朋友特意为我复印的正体字版《杜英诺哀歌》——从译名差异之中你就可以看出其中存在的不同文化背景，还有我自己手抄的英文版《献给俄耳甫斯的十四行诗》——我本来是要自己翻译的，但是因为过度敬爱而怯于动笔。

这种情况与处女座追求完美的心理特征倒是契合，但却生出若干扼杀创造力的弊端，好在后来出现的问题更多，之前的问题反倒显得不是那么突出了，真的有点儿"虱子多了不愁"的倔强精神。但是这些并不妨碍里尔克当时对我非常明显的影响，我真的不敢说我当年的系列组诗《哀歌》和大量的十四行诗里没有里尔克的部分阴影。至于里尔克式的逻辑推进方式，则直接导致我的长诗《饶舌与罗盘》的辛苦出生，以便及时重建内心濒临崩溃的道德秩序——创造在彻底独立之前多少留有余痕——而里尔克从不隐瞒各种路径——我如此直陈或许源于 2016 年商务印书馆版《里尔克诗全集》的出版。我们或许知道，全集之出版不仅意味着作者的写作终结，而且同时也意味着某种终结式的承认。虽然这种状况往往滞后于阅读，但是如果它在当年就横空出世，反而会丧失经典之形成所必需的阅读积累之机会。

所以我们必须感谢全集之前的翻译者和读者，他们共同制造了一个想象之中的里尔克。我们还必须感谢全集之后的翻译者和读者，他们不仅是在认真地纪念里尔克逝世九十周年 [1]，而且在认真地纪念一种正在消逝的呼吁方式："谁，倘若使我叫喊，可以从天使的序列中 / 听见我？……"这种呼吁方式之被故意遗忘其实早在里尔克的布拉格时代就已开始，或者在此前此后的时间之中都在不断显示这条重现与遗忘相互交织的复杂曲线。

每个诗人都有自己的命运。兰波一下子成为兰波，

---

1. 里尔克逝世于 1926 年，2016 年是他逝世九十周年。

而里尔克却不能一下子成为里尔克。他必须经过两下子、三下子的学徒历练，甚至必须经过至今仍旧无法精确计算出的时间转折点，是在慕尼黑时期还是在去俄国之前？或者在更晚的 1906 年？那时里尔克刚刚过了四十岁……或者直到比较成熟的《新诗集》出现……

我一向以为兰波的道路是不可能被效仿的，因为它带有偶然性，或者带有我们在偷懒时常常提起的过于神秘的和不可把控的命运因素。而里尔克的道路似乎是可以被后来的年轻诗人效仿的——但是没有一个人敢说自己能够精准地复制它的脆弱与不精致，因为一种善意的或者客观的说法是：里尔克是一个类似从小草成长为大树的"成长型"诗人。另外一种稍微带有批评色彩的说法则是：他是一个从二流诗人蜕变为一流诗人的典范。这和某种正确的线性教育观念非常契合，当然它也更加符合社会常识。某些庸人正是如此遵守的。他们一边蔑视身边的诗人，一边又偏偏对远处的诗人产生不着边际的单相思。里尔克在布拉格时期面对的就是这种恶劣的成长环境，而他作为诗歌作者与此格格不入的形象几近于另外一个布拉格作家卡夫卡，但实际上他更近似于一个刻板而过敏的说德语的普鲁斯特。虽然如此，但是他恐怕仍旧无法回避这一残酷现实：他自己正是这一环境的衍生品。当然我还看到另外一面，他的正宗"海涅腔"以及甜腻腻显然与深刻而刁钻的卡夫卡没有任何关系。显然卡夫卡不是他的"年度君主"，因为他当时俨然一个老江湖或者欧洲人常说的"万事通"，热衷于拉关系，热衷于发表，热衷于创办小团体，热衷于给名人或者女人写信……而诗远远逊色于同时代的霍夫曼斯塔尔，有人甚至刻薄地使用"中学生"这样的审美字眼描述他，甚至未来的里尔克自己也用"傻里傻气"估量它们的价值。在这个时期的里尔克身上我们大约只能看到他一生未改的一个优点：勤奋工作。他的工作方式使他看起来可能比老庞德更像一位卓越的匠人。

　　萨洛美和俄国几乎是里尔克标志性的人生旅途。尽管托尔斯泰伯爵并不怎么待见这位青年诗人，但是里尔克对托翁的赞美仍旧毫无保留。把这个视为里尔克的虚荣是不公平的，且不说托尔斯泰本人的诗歌程度和修养，毕竟里尔克此时此刻并没有写出惊人的《杜伊诺哀歌》。即便如此，他和萨洛美在莫斯科的库尔斯克火车站等车时，还是给当时只有十岁的帕斯捷尔纳克留下了极深的印象，虽然后者的回忆笔调看起来并不热情。[1] 这种日常

---

1. 当时里尔克和萨洛美在车站遇见鲍里斯·帕斯捷尔纳克一家，并通过鲍里斯的父亲列昂尼德·帕斯捷尔纳克牵线帮助，得以联系并见到列夫·托尔斯泰。参见鲍里斯·帕斯捷尔纳克的回忆录。

性的见面，不管是托尔斯泰之于里尔克还是里尔克之于帕斯捷尔纳克，在我看来仍然具有阅历之外的传承意味，基本性质犹如陆氏兄弟与朱熹的鹅湖之会，当然后者具有真正的对话意味。见过本尊和没见过本尊的激励作用其实非常不同，但我坚持相信里尔克在自尊心受挫的同时业已获得继续潜行的动力——动力双向性并非一把匕首的两面——这样说实际是把文学交际融入文学训练之中。不知何时，我们已经完全接受里尔克奔走于豪门之间以及四处旅行（文学性的词汇称之为"漂泊"或者"流亡"）——这些其实不过是写作的间歇而已。

　　然而我并不想展示或者重新讲述里尔克的奋斗史。我只能说童年恐惧一直在他的人生之中延续。这种恐惧与其说是时代的、社会的或者说日常生活的，不如说是来自人性深处的。正是因为它的存在，里尔克才渐渐集中注意力或者说不得不进行筛选工作，以使自己将有限人生汇聚在女性、死亡以及历史主题之中。开始是宽的、漫无边际的，或者说是丰富的，然后被迫变窄，从而使之变成一个懂得瞭望的挖坑人，把自己彻底埋进去而得以永生。如果你某天不舒服，你还可以翻到漫无边际的原始页面，尝试重新开机——尽管此时困难已经加倍。

　　里尔克在 1922 年终于写成《杜伊诺哀歌》和《献给

俄耳甫斯的十四行诗》。这是他的写作巅峰——这一年他只有四十七岁。1922年其实非常了不得，正是在这一年，乔伊斯写出《尤利西斯》，瓦雷里写出《幻美集》，艾略特写出《荒原》，这些都是他们个人的甚至是世界文学史的巅峰之作。艾略特也是我的"年度君主"，只不过与他的统治期限相比，里尔克更像短暂的王莽时代，充满激烈而坚定的变革气息。尽管如此，其惨烈程度并不比一战差到哪里，特别奇怪的是至今还有人指责而不是表扬里尔克战时试图逃避服兵役的履历。算了，纠结毫无意义，还是回到诗歌本身。如果不谈里尔克的哀歌和十四行诗，那么任何谈论他的文章其实都是缺胳膊少腿儿的。里尔克的哀歌和十四行诗已经成就太多的文学博士和文学教授，那么我只能从一个写诗人的经验角度描述其皮毛的皮毛，因为里尔克的内涵之丰厚犹如迷宫。

《杜伊诺哀歌》最后完成于缪佐城堡。奥登说里尔克："他经过十年的沉默，工作而等待，/直到在缪佐显出了全部的魄力，/一举而让什么都有了个交代：……"《杜伊诺哀歌》包含十首哀歌，它之所以被称为难以逾越的杰作，原因至少包括两个：一个是语言的极限，一个是观念的极限。里尔克依靠语言的逻辑力量硬生生地将自己逼迫到语言与观念的悬崖，这为后世所有诗人建立了一种里尔克式的大诗人模型。"旅人从山边的斜坡到峡谷去 / 拿走的也不是一撮不可言状的泥土，而是获得的 / 纯粹的语言，又黄又青的龙胆。"里尔克去过两次位于亚德里亚海滨的杜伊诺城堡，第一次住了七天，第二次住了将近八个月。在我看来，杜伊诺仅仅是契机、黏合剂而已，而不是诗的核心——诗的真正主题其实始终都是爱，以及生与死。

相比于《杜伊诺哀歌》的难度，被里尔克认为是副产品的《献给俄耳甫斯的十四行诗》可能更招人喜欢，且不说广为流传的《秋日》和《在巴黎植物园》。里尔克的十四行一如既往地谈死（"唯有缄默的死知道，我们是什么"），也一如既往地谈生（"对迅疾的流水言：我在"）。比起《杜伊诺哀歌》，它显然懂得让路于情感与细节，而后者则为更多诗人留下创造的空间。不过在我看来，今天似乎有必要回到先锋的逼迫之中，否则写诗也未免太容易了。

最后我不得不提 1988 年出版的霍尔特胡森的中文版传记作品《里尔克》，其中引用的里尔克第二首《安魂曲》，是写给 1906 年 10 月自杀的十九岁诗人沃尔夫·卡尔克罗伊特的。诗中的一句预言了诗人们的未来："有何胜利可言？挺住意味着一切。"这几近于一个时代的箴言。

本能总比智慧更擅钻营

　　若说古怪，人首当其冲。生物学鉴定，人就是一种动物，本能第一，但偏偏喜欢独立于动物之外。甚至有自大者，妄封自己为万物之王。祛其荒诞，宽忍一点儿，其实也无可厚非，不过是自信心夸张的表现而已，不能当真。所以表现本能，也就成文学任务之一。

　　曼杰施塔姆曾动情表白："这颗黑色的野兽的心 / 多么忧郁，多么美好。"（荀红军译）与机械的冰冷无情相比，野兽不但知冷察热，而且还有出类拔萃的感知能力——海啸发生之前，它能迅速预警，从而逃之夭夭。由此可知，在本雅明的机械复制时代，做一种这样的野兽，自然是美好而明白的追求。更何况曼杰施塔姆的时代做野兽也不得，阿赫玛托娃路过卢比扬卡[1]都会不由自主地

---

1. 指卢比扬卡监狱。20世纪30年代初，曼杰施塔姆因写诗获罪，在卢比扬卡受审，后遭流放。

哆嗦，那种从里向外直蹿的寒气，未曾经历者永远不能了解。

而说及中世纪，不少人以为它是全黑的，如同渡鸦漫天飞旋。其实这也相当片面。仅以法律为例，此前诉讼争执，皆以赛武审判终结。所谓赛武，类似决斗。也就是说，碰到官司纠纷，法庭莫衷一是，就判双方互殴，赢者官司亦赢。往往血肉横飞，惨不忍睹。而至中世纪，理性渐渐彰显，赛武审判亦告废除，真是大快人心。纵容本能，轻蔑理性，景象之惨烈胜于硝烟弥漫的奥马哈海滩。

这些不必多说，还是控诉中世纪的黑暗，那真是罄竹难书。理性用到绝对，也就抵达冷血边缘，会仅仅为一个死概念而烧死一个活人。直到 17 世纪，黑暗仍然笼罩世界。阿瑟·米勒的名剧《炼狱》，即是书写此际赫赫有名的北美冤案，"萨勒姆的女巫"——中译本直接以此为名，为梅大师[1]公子梅绍武先生手笔，后来拍成电影，中文译名改为《妒艳飞灰》。不仅将残忍程度稀释，而且还过于香艳，轻而易举削弱了其中深蕴的思想。此案其实非常简单，不过集体癔症而已，却因某些概念根深蒂固，最后演变为声势浩大的迫害。假若罗兰夫人提

---
1. 即梅兰芳。

前出世，依然会大声疾呼："多少罪恶假汝之名！"因为邪恶从不自认邪恶，反认为自己比谁都纯洁。多么可怕的要命的纯洁！

本能，理性，二者似乎对立，似乎一定要按照什么规则，构成严谨的逻辑关系。都不必。以我诗句"本能总比智慧更擅钻营一些"为证，本能既可救人于冷血，又能毁人于地狱。而理性，也须小心，以防《炼狱》重生。千万不可绝对，模糊一点反而更精确。面对所思所想，《炼狱》主人公扮演者丹·戴－刘易斯的父亲——桂冠诗人 C.戴－刘易斯，不无沉痛地写道："始知它如何背叛 / 我们日渐萎缩的肉体。"（高万隆译）

曼杰施塔姆大街

随着曼杰施塔姆作品各种中文译本的出现，分享一颗痛苦而复杂的心灵就不再是一个秘密了。然而对我来说，这仍旧是一个秘密，一个属于我与他的秘密，关于各自的政治生活、各自的社会生活以及死命捍卫的个人尊严。这一方面造成我的固执，另外一方面则造成我的宽忍。我原来坚持，只有读了俄文的曼杰施塔姆，才能接近他原版的灵魂——这话是一点儿错误都没有的，但是对于我，这只能是一种奢望，因为我只认识几个西里尔字母，所以只能通过中文或者英文译本，想象并且猜测真正的曼杰施塔姆是什么样子的，如同我在阿赫玛托娃旧居的会客室里看到沙发的时候想到的那样——曼杰施塔姆就是在这里过夜的么？就是在这里看着窗外阴险的列宁格勒，路灯散发着动物脂肪似的黄光么？或者如同在兴凯湖畔眺望的时候想到的那样，或者如同在符拉迪沃斯托克（海参崴）这座濒临太平洋的小城里漫步的时候想到的那样——潮湿的空气之中是否弥漫着曼杰施塔姆的幽魂，或者幽魂的一个部分？这里的花花草草或者风雪交加如何在他的心中生出我们永远也不可能看到的诗句？我只能用自己的生活，用阅读而得的生活或者旅行，来理解曼杰施塔姆的一切。这里的差异肯定是有的，但是更多的却是惊人的相似，不仅是环境的，更多的还是对环境的反应，还有诗歌与友人的力量。

那么通过麦凯恩夫妇的英文版译本，让原版的曼杰施塔姆再次变成打着我的烙印的中文吧。这是一次荣耀的机会，我当然不会错过，我更希望这荣耀在更多的人身上实现，将更多的荣耀挥洒在尘世之间。我知道，关于曼杰施塔姆的翻译，中文版的已经不少，英文版的就更多了，而且这不是终结，仍旧属于旅程之中起伏的景色，那么不妨多出我的一笔写生——必须坦白，我之所以选择两个麦凯恩[1]翻译的版本不过是事出偶然，我甚至不知道他们的版本在英文世界的真实处境。这是某年我在香港买的几册诗集中的一部，仅仅出于对曼杰施塔姆的敬意。我以前读过不少俄文诗的译本，听过俄文诗的声音，知道它们的辅音是多么的复杂，多么的优美，伴着低沉

1.理查德·麦凯恩和伊丽莎白·麦凯恩。

的喉音，如同曼杰施塔姆描写火焰的时候想到的美妙类比。英文和中文的清晰，可能是不能与之对应的，这几乎不是什么语言的秘密，而且我并没有勉强将它恢复至一种想象之中的俄文诗的容貌，我仍旧而且必须想着，这只是一次新的理解，一个英文与中文混合之后的理解，一个新的押着不同韵脚的曼杰施塔姆，一个松散一些的然而更为自由的曼杰施塔姆。对了，自由。在沃罗涅什度日的曼杰施塔姆需要的就是自由。

沃罗涅什在哪里？它好像在地狱的某一层。那么那里的居民呢？肯定不都是管理者吧？还有更多的人，可能是生下来就在那里居住的居民。而曼杰施塔姆远离列宁格勒或者莫斯科的城市生活，到了荒蛮的乌拉尔，然后又从乌拉尔来到沃罗涅什这个小地方，一块高地，一个森林与草原以及河流杂陈其间的小地方，起初是沉默，沉默。沉默是哑口无言，沉默是石头而非黄金，所以当曼杰施塔姆再次拿起钢笔的时候，他已经准备治疗自己历史的隐痛与流放的伤痛了。他写了三册《沃罗涅什笔记》，都是诗，都写在普通的笔记本上。我这里译的《第一册沃罗涅什笔记》，一共二十二首。剑钊兄译的《曼杰什坦姆诗全集》里，第一册有二十首诗。版本差异是正常的，比如收录在《第一册沃罗涅什笔记》的《"不，不是偏头痛"》,《诗全集》中也是有的,不过是收在其他部分的小辑里,写作时间是 1931 年 4 月 23 日,而非麦凯恩版标注的 1935 年 7 月。麦凯恩把这首诗放进《第一册沃罗涅什笔记》,原因在译注里说得也是很清楚的。大意是,近来的俄文版编辑把这首诗放在《莫斯科笔记》里,但是根据娜杰日塔·雅科夫列芙娜的回忆,它是列于《第一册沃罗涅什笔记》的结尾的。雅科夫列芙娜的回忆就不一样了,作为曼杰施塔姆的伴侣,自然更可信一些。

我在这里就不做版本学的文章了,就让中译本保持原来英译本的样子吧。剑钊兄的译本是从俄文直接译过来的,而且下了非常大的功夫,所以更多的时候我是推荐读者看他的译文。而我的这个译本,只是一个敬意,只是我的一个理解,同时也是我的创作,虽然我没有增加一个词或者减少一个词。诗歌翻译之中的创造问题其实不是什么复杂的问题,但是对于其他文体的译者而言似乎就有一种说不清楚的现象出现了,解释、争吵,这几年我已经烦了。字面准确当然是重要的,形式呢?暂时不提艺术或者灵魂什么的。所以我要说一句,这不是改写,这是翻译。这不是信达雅的意译,这就是有点儿"蛮不讲理的"硬译。目的只有一个,就是让它们在中文之中仍旧是诗，而且是与曼杰施塔姆的声誉相配的诗。我觉得我还可以，至少是严肃的，是在强烈的情感与理解之中的，我觉得我这次可能接近了曼杰施塔姆的灵魂，一颗受罪的不甘心的灵魂。这个灵魂对于某些人来说，就如自己兄弟的灵魂一样，而且是"多年父子成兄弟"的灵魂——我们的父辈们都是这么走过来的，那么多的个人痛苦，那么多的值得写成长河小说的个人经历，无不与时代发生了彻底的纠葛，有谁做成了隐士？真正的隐士？我怀疑，我不能不怀疑，我无法不怀疑。我承认历史是有意外的，有侥幸的，但是大多数都让人怀疑有着始终处于暗影之中的残酷而荒谬的事实，而这些曼杰施塔姆都直率地写出来了，且不说冒着什么什么风险。

这可能就是保罗·策兰对格勒布·斯特鲁弗说的，曼杰施塔姆的诗歌把他引进了一个"不可辩驳的和真实的"境界。真实的，不可辩驳的。对于不了解的人，当耐心失去之后，我宁愿选择沉默，或者就是"无言以对"。而昏聩的人是有的，转变的人是有的，那么让他们昏聩去好了，让他们转变去好了，而我对曼杰施塔姆以及白银时代仍旧是满怀信赖。我在《古拉格群岛》之中看到类似曼杰施塔姆的知识分子的身影，在布罗茨基的回忆里——我多么反感关于他上了审判台才荣幸地被欧洲人知晓这样的苛刻说法——如果没有适当的援助，如果没有适当的机缘，谁能否认布罗茨基必会遭遇曼杰施塔姆那样的悲惨命运呢？甚至是比曼杰施塔姆更惨的巴别尔的命运——或者赫拉巴尔《我曾经伺候过英国国王》里写到的小个子侍者的命运，在一个边境木屋里度过剩余的时光，脑子里过着记忆的电影，或者像曼杰施塔姆那样在电影《夏伯阳》里看到的情景："一个人听见飞机低沉的/嗡鸣声，烧成了灰"（《恰巴耶夫》），或者"恰巴耶夫说着话/从音画之外奔进我们张开的嘴巴——"（《日子有五个脑袋》）。还好，曼杰施塔姆有他的娜杰日塔，犹如《迷人之星》里十二月党人的妻子，信任，陪伴，共同面对崩溃的时刻。而我翻译的时候，重新经历着这一切。保罗·策兰翻译曼杰施塔姆的时候，在其中就听到了更多的异样声音，那是一个犹太人的呻吟，"每个诗人都是犹太佬"。那么换句我的话说："每个诗人都是中国人。"面对关于一种日常生活叙述的时候，所有的读者，包括我自己，都应该平静下来，摒除其他事务的干扰，进入这些诗句之中，用全部的人生经历来认识，来感受，来体会沃罗涅什的现实，体会关于乌拉尔或者莫斯科的回忆，关于俄国的和苏联的回忆，关于格别乌的——不管它改换多少名称，都不能改变它血腥的历史，麦克白夫人什么时候才能洗净自己的手？死亡威胁着曼杰施塔姆，威胁着白银时代——在格别乌的官员心目之中是没有这些的，他们认为这些所谓的诗人不过是几个软弱无力的言论对抗者、几个不和谐的杂音而已，一纸文件就解决了，一枪就解决了。然而我在《第一册沃罗涅什笔记》中多次领略了这些美妙的杂音或者噪音，它们其实代表了真正的来自于受苦受罪的俄罗斯民众的声音，代表了极少数的高贵的灵魂。

所以我想到了自己的写作，但是在此我不想说什么，我想的只是如何表达对曼杰施塔姆的敬意，对终极问题的不断追寻。是的，不惜生命。其实没有谁是不惜生命的，是没办法，是实在不想再忍受屈辱的生活，是不能做一个实在的行尸走肉，不能做一个空荡荡的壳子，一个艾略特写过的"空心人"。死亡是回避不了的，策兰谈到曼杰施塔姆的时候说过："在伟大的诗歌当中，什么时候不是终极事物的发问？"是的，每时每刻都是该做这个终极发问的。每个人都没有想象出来的人生终点，因为随时随地，生命都会丧失。所以每一天都是最后一天，每天刚刚写完的诗行都可能是这个生命在这个世界上留下的最后一行。生命本来的脆弱性在残酷的制度之下就变得更加脆弱不堪了。万湖会议轻描淡写地把犹太人葬送了，而斯大林更是轻而易举地粉碎了所有的反对者和善意的提醒者及追随者，那么我怎么会没有理由埋怨寒冷的天气葬送贝加尔湖上高尔察克的军团呢？有太多太多的理由了。"我必须活着，尽管我已经死过两次"（《我必须活着》），所以才会有直接的决心，间接的修辞方式，言外之意只是说给心意相似的读者的。那么做一个评论家并不是一件容易的事情。说得太清楚了固然是聪明的，但是太像一个举报者或者一个犹大式的人物，犹大迅速悔改了——仍然没有得到赦免，而罗马总督呢？谁来质问他们的罪行？如果说不清楚，那么可能会导致相反的结果，这是我最不愿意发生的。所以只能做些边缘性的启示的工作。用不断的译文，用不断的曼杰施塔姆的名字的出现，或者如同曼杰施塔姆辛酸而骄傲地宣称的那样："这是什么大街？/曼杰施塔姆大街。/多么显赫的名字！"（《曼杰施塔姆大街》）他当然知道这条大街的实质是什么，这是一个"大坑"，一个命运的陷阱，一口关于灵魂是否高贵的熔炉与坩埚，一个真正的考验。

这二十二首诗，只是一个开始，正如曼杰施塔姆《沃罗涅什》对这个要命的流放地的谴责与宣示也仅仅是一个开始一样，正如我的译本也是某种开始的一部分一样。我喜欢荀红军译本结尾的节奏和韵脚，"沃罗涅什，妄想和胡闹，沃罗涅什，乌鸦和刀"，干脆而彻底；我喜欢剑钊兄的"沃罗涅日是胡闹，沃罗涅日是乌鸦，是匕首……"喃喃而低沉的絮语。这是我的译本："让我走吧，放回我吧，沃罗涅什：／你将删除我或者失去我，／你将让我坠落或者归还给我。／沃罗涅什，你是一个突然的念头，沃罗涅什，你是一只渡鸦和一把匕首。"我喜欢麦凯恩严肃而清晰的英译，就把它直接继承过来，为它挑选适当的中文词义。还有杨子的译本，还有更多的不能一一列举的译本，都是那么动人。尽管如此，我还是希望看到更多的其他的理解，更多的其他的微妙的差异，甚至找出真正的创造性的双关，从意大利文转译过来的，从希伯来文转译过来的，更多的中文。让更多的中国人接近曼杰施塔姆，追寻他的自由，追寻他的记忆，经过山山水水，经过春夏秋冬，最后所有的东西在沃罗涅什集中，迸发，燃烧，"烧成了灰"——这个世界不是更干净了，而是……而是更凄凉了。

泥水噗噜噗噜响

不知道为什么，现在我更喜欢"噗噜噗噜响的泥水"。而我曾经喜欢的却是"轰响的泥泞"。

它的作者鲍里斯·帕斯捷尔纳克，如果还活着，已经一百一十四岁了[1]。

在哈尔滨，残雪融化的时候，泥皇帝统治着每一条街道。在我的想象中，泥水曾经那样响亮，充分显示了春天野蛮的气势。而现在这些响亮的声音我再也听不见了，只有"噗噜噗噜"的声音，从脚下响起，低沉而凝重。这是耳朵的问题，还是年龄的问题，我一时荷戟彷徨，寻找着寂寞的敌人。圣伊维尔教堂附近的胡同小街坑坑洼洼，稀泥和脏水，雪块和碎冰，互相争宠，我则满不在乎地蹬着脏皮鞋在上面碾来碾去，有时还像个胖猴子，猛然凌空一跃。当生活发生改变的时候，诗歌的读法也

---

1. 本文写于 2004 年。

变了。我从自己的经验中发现了这个普通的秘密。

"一个美好的世界来到门外，/ 在门外窥伺我和我的蜡烛。"我在一本袖珍书上看到它的俄文和英文。书是卢森送的，考究的硬封皮，诗旁有一整页精美的水彩插图。每次看到这本书，我都会想起一段悲伤的生活：昏暗的灯光中，几个相亲相爱的友人，守着几张双层卧具，守着诗歌和尊严。在月台上，我见到了高大的卢森，他要到莫斯科去。我把手里的食物递给他，看着列车外壁刻着起点和终点地名的金属牌，我想：远方的生活会是怎样的，是否像我这里一样宁静？现在我仍然深信天使，深信我们彼此思念着。当沉默的手在午夜撑开了我的心灵，我想我更理解了这两行宁静的诗句。

《含泪的圆舞曲》的译者是力冈和吴笛，我享受恩惠十四年了[1]，在这行字里我向你们鞠躬。

"每件小事都活着"，我曾把它引入自己的诗中。月台上眺望友人的帕斯捷尔纳克，瘦削而孤独的老式生活，坚硬的戴着头盔的士兵，嘬着二锅头朗诵诗歌的流浪汉……帕斯捷尔纳克的马堡，在某个瞬间就是我的北京。"……雷雨时眼睛和草坪是紫色的 / 而且天际有一股潮湿的木樨草气息。"眼睛和草坪是紫色的，这是超现

---

1. 这首诗由力冈和吴笛译介于 1980 年。

实的画面，这是帕斯捷尔纳克的想象，我有这样无知的认识纯属理所当然。夏日的一个夜晚，我和友人从洗印厂看电影归来，突然下起暴雨，我们迅速撑起一把花伞。从小红楼附近的街上走过，雨水噼里啪啦，鞋子和裤脚渐渐湿了，溅起的沙砾也紧紧贴着裸露的脚踝。这时，一个炸雷响了，紧接着是一道炫目的闪电。它们交织纵横，连续不断。我突然看见地上的雨水是紫色的，友人的眼睛也是紫色的。确确实实的紫色！我非常兴奋，仿佛发现了哲学的本质。我喊着：啊，我明白了，帕斯捷尔纳克不是超现实，他只是如实地记录了我们的生活，经常被我们忽略的隐秘的生活。

诗歌是生活忠实的记录。而这些记录对那些粗心的人来说，自然是一种不存在的想象。就像我写的教堂，它并不在异国他乡，而是矗立在我家的旁边，我几乎天天看到它日渐憔悴的模样。就像我写的玫瑰，也不是来自异国诗篇，而是来自我的父亲，他种下的几十株玫瑰，如今只是一种私人记忆。记忆是筛子，坏的漏出去，好的留了下来。

测试现实的试金石

壬辰[1]新年，我觉得，如果按照读书的角度，可以命名为"米沃什年"。

这个命名当然非常个人化。而个人化，往往被一些人认为是没有历史性的表现。但是我非常迷恋这种个人化，而且你不能据此就批评我自恋。

个人化是基于认识，自恋则是基于情感。它们分属不同领域，就如同米沃什在《诗的见证》中说明的，"普遍性的理念"可能存在着致命的问题。

坊间分析也曾说过，德国产生纳粹的原因就在于德国人的理性太强了，而缺乏基本的怜悯。这种说法是否准确，我不清楚，不过其中的合理性是明显的。怜悯可能没有原则，而理性却容易造成鲜血淋漓的局面。现代的屠杀计划，大都是来自于精心谋划，而不是一时冲动。

---

1. 即 2012 年。

《诗的见证》这本书，是米沃什于1981年到1982年担任哈佛大学查尔斯·艾略特·诺顿讲座教授的时候写的。《新标准》杂志说"米沃什这六个讲座的重量和意义怎样高估都不为过"。当然如此。所以在新年旅行中，我一直带着这本书，走到哪里看到哪里，大块的阅读时间基本是从候机厅和机舱的嘈杂之中挤出来的。

黄灿然写的《译后记》值得思考。而且他有他的翻译习惯，他知道"东方基督教"和"东正教"的语言差异，一个是地理性的，一个是历史性的。只不过大多数人倾向于后者。

马高明1986年曾经译过《诗的见证》的第一章"从我的欧洲开始"，他把"笛卡尔大街"译为"德斯卡茨大街"。这不是对错问题，只是选择与习惯。就如"维尔纽斯"与"维尔诺"其实指的都是同一座城市，但它并不妨碍米沃什自在地坐在学者们之间讲述他对诗的认识——"不是因为我们见证诗歌，而是因为诗歌见证我们"。

我立刻联想到陈寅恪的"以诗证史"。而"我们"其实与"历史"存在着更多的而且更深的差异。"我们"多少还渗透着一些现代性的气息，尽管米沃什越来越远离"脱离现实"的现代主义，越来越亲近"讨厌而迷人"的古典主义。

我曾经写过一篇文章——《见证诗歌》，与伟大的米沃什自然没有什么可比性，但是从某个角度似乎可以说明，"见证"早已成为当代的文学主题之一，它肯定会涉及历史辨析与社会改革等诸多问题。然而肖斯塔科维奇口述的《见证》又有多少是可以相信的？

米沃什一方面是绝对的，一方面又是怀疑的，而后者赋予他更多的精确性。比如他会强调，"诗歌的见证要比新闻更可靠"。而布罗茨基在《奥登诗〈一九三九年九月一日〉析》中也说过类似的意思："诗歌不是报道，它的消息应该具有永恒的意义。"他们这些话其实并非有意贬低新闻的价值，只不过是在显示彼此的差异而已。又比如米沃什还会表现自己的困惑与质询，甚至悲伤："那位写了一卷卷公众看不懂、一卷卷无人阅读的小诗集的作者，是很难从这样一种信仰中获得什么安慰的。"

米沃什的讲座具有诗人的特点，范围广阔，含金量高，所以我的笔记也就跟着丰富起来，这也就是说，他不断刺激着我的思考。每一个衍生的问题其实都可以继续思考，而不仅仅限定在他试图勾勒的问题核心。比如他强调密茨凯维奇的重要，就不限于波兰诗的范围。

巧的是，在读《诗的见证》之前，我收到波兰密茨凯维奇学院寄赠的有声读物光盘，里面全是米沃什的作品。可以想象他们之间的联系，波兰人看得更透彻，我们不必深言。

米沃什精辟的见解在书中更是随处可见，比如"二十世纪给了我们一件测试现实的最简单的试金石：肉体痛苦"。这是一句直指本性的话，我看了之后大吃一惊。

《诗的见证》中文版的封面，使用的是比尔·伍德罗1995年的铜雕作品《聆听历史》，一颗头颅与一本书被绳子捆在一起，书贴在头颅左耳的位置。这是强迫听取历史的声音，还是显示其他的含义？米沃什的英文版杰作《被禁锢的头脑》用的也是这尊雕塑，只不过拍摄角度比《诗的见证》封面更压抑一些。在封三，我看见"米沃什作品系列"之中赫然列着即将出版的《被禁锢的头脑》，心里又泛起一阵激动的涟漪。

米沃什的金属石头

我发现了一个惊人的秘密：米沃什其实是一个不折不扣的中国诗人。

我严肃地认为凭借这个成就我完全可以跻身一流考古学家的行列。

当然你可以把我的发现当作一种玩笑，但是我必须告诉你这是千真万确的，而且我拥有一份长达二百八十九页的文件（这份文件的英文版本是二百五十一页）可证明这一点。其实这份文件你也可以买到，这就是米沃什1951年书写、1953年出版的《被禁锢的头脑》[1]。

关于米沃什表面是波兰诗人本质却是中国诗人的明确描述及其他蛛丝马迹，书中几乎到处都是，且完全不需文质彬彬的马普尔小姐[2]亲临现场，综合分析，活捉真凶。

---

1. 中文版为易丽君译，广西师范大学出版社 2013 年版。
2. 侦探小说家阿加莎·克里斯蒂塑造的乡村侦探形象。

而且从诺贝尔文学奖的角度来看，米沃什成功地将莫言创造的纪录整整提前了三十二年。

　　有关米沃什的中国话题就此结束，而且你千万不要以为我刚才那么说是出于一种攀比名人的虚荣心理。与其这么说，不如说我在阅读之中出现了不够恰当的幻觉。

　　因为无甚可说所以言归他传。书后附录的《米沃什年表》明确说明：《被禁锢的头脑》的文体类型是"文集（或思想体小说）"。"文集"我能理解，"小说"让我疑惑，因为通篇看下来几乎都是描述事实和发表议论，基本上没有常见的小说形式。直到在第四章至第七章的每章结尾看到"题解"，疑惑之雾才稍有稀释："阿尔法的原型……贝塔的原型……伽玛的原型……戴尔塔的原型……"这就说明米沃什叙述的人物是有真实依据的，但是又都具有一定的虚构成分。由于人物原型缺乏足够的资料（尽管题解有简单介绍），我们无法分辨其中真实与虚构的实际比例。但是通过阅读，我倾向于真实记录，或者极端一点地说，这些人物根本没有任何虚构。米沃什或者评论家之所以说它是小说，要么是遮人耳目，要么是为了保护身在波兰的当事人。在"小说"之前增加限制词"思想体"可能更重要，这就是说，这些并非小说，而是思想笔记。这就有点儿昆德拉"思想小说"的意思了，不过昆德拉更偏重于小说本身。我个人觉得，米沃什书写的不只是思想笔记，还是历史笔记和文学笔记。

米沃什的昔日挚友阿尔法是散文作家。像他这样的作家距离我们比较遥远，因为天主教的道德观和儒家化的、辩证法化的道德观是多么不同，而且它们对左派右派的划分也是如此。有时我真想摘下它们的帽子，看看它们的脑袋上到底有没有头发。我不是好奇，而是不想被它们的言论迷惑。阿尔法反对纳粹屠杀犹太人。但是某些人"虽然也在大声谴责这种兽行"，"在私下里却认为那些做法并非完全没有理由"。一眼就能识别的是非之论遭遇过多少这种"私下里"的偏移？不少人认为经历过希特勒带来的恐惧之后不会再有类似的恐惧，但是并非如此。新的，曾经显示端倪的恐惧在合适的时机正在逐渐盛大。你不禁怀疑：历史到底是有规则的还是没有规则的？我回答不上来。有这样一句诗或许可以替你消愁解闷：否极泰来是安慰剂啊。

青年诗人贝塔面对这样的选择：他们一方面希望存在文学，一方面制造紧张气氛。而后者成功地促使前者变成虚浮的云朵。表面的统一让位给实际的矛盾，并且由真正的胜利者说了算。这当然从风格的易懂就可以开启了，随后就是加重读者的权力。而冒充作家的作家伽玛则把自己的卑鄙当作一种忠诚，他对待沦落为奴隶的父母和妹妹是残忍还是冷漠谁又知道呢。也许他表面文雅内心冷酷的虚伪风格更受推崇吧。诗人戴尔塔的牧歌和机关枪是让人很难想象的。不过从是否喜欢热闹的人群、喜欢更多的读者和畅销、喜欢欢呼就可以分辨谁是我们需要的诗人了。我一方面为这些人的投机而忧虑，转而又因为黑暗的强大而把这些投机者视为短暂的援军。其实让我真正佩服戴尔塔的是他在集中营里写"色情诗"的行为，而不是这样的句子："再也看不到那／魔幻的马车、／魔幻的车夫、／魔幻的白马。"

关于华沙起义中的伦敦、华沙和莫斯科，书中都有描述和评论。相关的历史档案已经解密，相关的电影也比较容易看到。米沃什的愤怒在情理之中。而阿尔法除愤怒之外，因为他主张的真诚还是别的什么而不怪那些袖手旁观的人，让我觉得非常不爽。他们不仅应该被怪罪而且应该被声讨。在人命面前，战后权力归属又有什么意义？当然这是我的书生之见。我明白老奸巨猾的政客们觉得我既幼稚又愚蠢，可能就是辩证法考试题目的标准答案，但我却偏偏不想拥有这样的标准答案，拥有这样的集体命运。

命运就在两面夹攻之中。瓦依达导演的电影《卡廷森林》开头，东部的人往西部跑，西部的人往东部跑。他们在一座桥上悲惨地相遇。什么地方是安全的？为什么波兰人拥有这种命运？只有服从新秩序才能幸存或苟活。阿尔法把过渡时期的特点写出来了，但是新秩序的制定者明白他心中的陈旧因素，只是现在需要他。米沃什在书中说过，他们不喜欢文学，只是想利用文学。如果没有利用价值，文学的结局也就可想而知。而且值得注意的是文学的现实主义主张还没有正式化。一旦正式化，阿尔法的新旧就成了两面性，除了大踏步妥协还能怎么样呢？我常常代替书中的人物反省和自问：我活该这么倒霉是因为自作自受，不管是无知还是被迫，我都曾参与制造头顶的金属石头。还有就是，妥协到什么程度才是一种可以被包容的道德？我想不明白出国前的米沃什和出国后的米沃什究竟会怎么回答这个问题。

第三章《凯特曼——伪装》实际上为所有的"凯特曼"提供了所有的角色。第一章的"穆尔提—丙"药丸让我想起阿狄森兜售过的预防地震的药片。人们虽然对它的荒唐难以置信，但却似乎只能置身其中。这就不难理解一个敏感而负责的编辑将诗中的唯物论改成唯理论的修养是怎么炼成的。因为精通诗艺的诗人几乎都明白，使用词表达的时代与使用句子表达的时代是不同的。其进步性也存在相当的差异，因为在语言单元中，句子不仅比词的承载量大，而且更为精确。悲哀就在这里，而且如果采取更为积极的态度来说，诗人进行艺术创造的空间也在这里。为什么呢？因为直接描述已经超越想象力而抵达荒谬的存在。这意味着，一方面注定直接描述当代之不可能，一方面证明只有想象力才可以与更具想象力的现实对抗。

书中多次谈到，在信仰被压抑的境况之下艺术往往扮演信仰的临时替身。虽然聪明人知道这是暂时的境况，而不明就里的人却信以为真。艺术工作只是在形式方面，虽然它与其他事务具有千丝万缕的联系。黑塞在一篇童话中想象过一种能包容宇宙的诗，但是实际上只有诗的整体才能接近宇宙，一首具体的诗是非常有限的，即使是但丁的《神曲》和全部的莎士比亚。米沃什的意义在于他的切身体验（本书有大量的显示，虽然有的是通过观察他人的方式）与他的诗（本书之外的）之间形成的相互转化、相互促进的关系。我认为他在这方面为我们提供了经验。因为现在不少同行（尤其那些缺乏自省能力的）并没有把自己的全部经验或者部分略微真实的经验转化为诗。这就是关注现实或者介入现实的主张具有相当的合理性之处。但是必须注意它的问题是有针对性的。这是千万不能忽略的。它与形式的永恒法则并不相同。虽然诗人米沃什和外交官米沃什是同一个人，但在书中，我们有时却看到这两种角色的转换，所以我们必须清楚我们是在哪一个层面上进行交谈。在西班牙，新信仰是与天主教和平共存的，而在其他地方则可能把对方视为敌人。问题不是出在明显暴露的利益或者合作基础上，而是为这样两个完全不同的事实而发明的理论居然是一样的，只是运用不同。前者可以视为特色，即特殊性；后者可以作为反对帝国主义的重要主张，即倡导民族性。因为这些理论的存在目的就是为了解释行为的合理性。正如对待旧王朝遗留的旧建筑，刚开始的时候，应用建筑里面的空间为市民服务，而必须改变建筑立面（形式与新信仰截然不同）；现在则是不管里面是什么式样的建筑空间，建筑立面都必须呈现舞台布景一样的欧洲符号或者东方符号。

对抗的美学原则是有限的。在一个相对健康或者松弛的环境中，这些美学原则就会因为缺乏政治意图而易于理解。现在就比较麻烦，正如传统的波兰作品厌恶自己的邻居，而在我们这里却恰恰相反，虽然我们一直警惕贪婪的大国沙文主义，而且我们知道在我们这里并非因为民族主义，而是因为对真正文学才能的真正服膺——

开始的时间可以追溯至 20 世纪初的翻译热潮而不仅仅是 50 年代。波兰人却不是这样，他们更乐意相信自己。无独有偶，东方的托尔斯泰对莎士比亚有所批评，而且批评的基本框架与波兰人非常相似。但是我们不要相信任何表面的相似。

这样就存在两种诗，一种是突破社会常规的个人气质的表现，一种是通过贬低个人气质来表现社会常规。新信仰的诗——表述虽然机智，甚至准确，但却让我觉得不舒服，因为我知道它离任何信仰都非常遥远，哪怕他们自称的信仰其实都是与真正的私利血肉相连的。这就是说，有的差异是从一开始就有了，虽然看起来错综复杂，其实根本就是泾渭分明。

在各种"凯特曼"中，我们当然都能找到对应物。我的不满可能是在这里：付出代价少的人凭什么对付出代价多的人进行严厉批评？我早已发现这种批评的真正意味：他们认为自己付出的代价数量构成了一道警戒线标准。我当然要警惕自身的类似状况，而且更要提防他们对诗人的痛恨。为什么痛恨？难道仅仅是因为米沃什所说的诗人是"形而上"的残余？

第八章谈到"庸俗知识化"的问题，即一切都必须是清楚的。如果此类主张大行其道，那么在美学方面，诗歌的复杂与晦涩必然面临被消灭的格局。其实这种庸俗知识化在不少知识分子之中仍然奇怪地存在着，他们甚至把"清楚"当规范，约束或者批评那些看起来模糊实则近于精确的艺术家。但是生活已经发生良性改变，只不过蠢人感谢盛饭的勺子，聪明人感谢大势所趋。而真正清醒的人，如米沃什，则深刻地理解控制是什么意思，理解不支持华沙起义的人不是不知情，不是愚蠢，而是知道一旦松弛会产生什么样的结果。正如我知道他们知道牛顿是一个整体，但是他们却一边嘲笑牛顿的信仰，一边教授牛顿的经典物理，而且在需要的时候把牛顿分成两个部分。他们根本不会考虑牛顿两个撕开的侧面都在流血，当然更不会考虑把加里宁格勒恢复为柯尼斯堡，虽然那里是康德生于斯长于斯的故乡。

而对于当时的米沃什和聂鲁达的大众选择，我的意见则是：不能将"把它们放在诗里表达"视为唯一的、必需的行为，因为我个人实实在在地觉得文学其实可以更加傲慢。

一 用继续对抗沉默 一

中国孩子和于连·索黑尔

似乎从未生活在实际的琐碎细节中，而一直在精神所构制的幻觉世界里，这似乎很不幸，然而于我却起到了麻醉的作用：我借此可以忽略许多我不能目睹的，如事物的朝生暮死或者别的什么。我由此也就相信了许多幻觉世界里的人物，即使本来是活人，我同样给其涂脂抹粉，以符合我渺小的心所设想的样子。我有生以来第一次接触的幻觉世界里的人物：于连·索黑尔。

在此之前，我受三哥的影响很深，但我并未彻底地相信他，甚至还有沉默的父亲与聪慧的母亲。不是我对存在于现实中的人没有兴趣，而是当时我还没有学会用幻觉之类的东西来装饰他们平凡的生命，更因为当时我还不知道世上有"幻觉"一类虚无缥缈的词。而于连·索黑尔却是一个由文字创造的幻觉，是司汤达和法语结合生下的赢弱的玻璃孩子。他注定没有想到：一个十二岁的中国孩子因为他的存在而产生了一个梦想，甚至是一个伟大的梦想。我将这梦想说给世人显然有些可笑，但它在我的心中却是那么神圣，笼罩着光辉，令我如痴如狂，忘记了自己原来只是一个普通人家的儿子。

我看到的于连不仅仅是词汇所创造的那一个，还有一个是在日立牌电视机的屏幕上出现的。那是 20 世纪 70 年代末期或 80 年代初期的往事。我坐在连队俱乐部橘黄色的长椅上。油漆有些剥落，给人以陈旧、凄凉之意。我目不转睛地看着那位黑发的法国青年。我仍记得花园里那一幕：家庭教师于连·索黑尔命令自己在午夜 12 点去吻贵族妇女德瑞那夫人的手。电视剧利用于连面部表情和时钟指针更替两组镜头完成了这样的一个使命：于连克服了内心的懦弱，向上流社会的傲气挑战。而后他越过阳台走进德瑞那夫人的卧室，这段情节我已记不清晰了。这些东西在回忆中和 19 世纪的社会风俗乃至头饰、假发一类的玩意儿搅到一起了。

我当时受了震惊。

我现在有些困惑。那个十二岁的中国孩子为什么会去思考这样的问题：如果我是于连，我敢吻德瑞那夫人的手吗？她的丈夫是市长。这说明也许我怕的并不是她的丈夫而是市长，这更说明我蔑视伦理道德而惧怕权力。

于连似乎也如此。他珍藏着科西嘉人拿破仑的画像，在背人处拿出来观看，幻想着在拿破仑的千军万马之中纵横驰骋，做一个武功显赫的将军。然而拿破仑这时候已被众人唾弃。于连的不幸也许就在于他喜欢这个昔日明星。人们都是很讨厌昔日的政治明星的。那种怀旧心理不过是聊以对当局的某种拒绝罢了。但潜在的事实是：于连的时代已不是军人的时代。这是和平时期，甚至有些像中世纪那样黑暗的和平。时代更迭，于连的梦想也该改变了——这不像艺术家宁可贫困终生也决不放弃梦幻的乐园。他们不妥协的结果往往比贫困更悲惨。我怎么能够将他们从人类艺术史中挑拣出来然后排列成队？那是一个多么令人伤心的漫长的行列。我的那种恐惧也似乎与此有关。

于连终于选择宗教作为自己的进阶之域。他其实是对的。他只能收起关于拿破仑的幻想，如同那个十二岁的中国孩子收起做一名职业军人的幻想。然而孩子不同于那个法国人的是：他没有想到宗教，而是毫不犹豫地选择了写作。

我现在知道宗教和写作都只是一种仪式罢了。然而那时我对写作的兴趣却分明和于连的命运有着相当重要的联系。他不幸的命运击中了我，甚至摧毁了我那十二岁的鸿蒙未开的少年的心。

我没有笑容。

于连·索黑尔，这个法国青年进入神学院（如我十七岁进入大学中文系），如愿以偿。那些道貌岸然的牧师乃至嬷嬷，我是厌恶的，他们似乎总是在做一些残酷的事情，譬如殴打孩子。这也许是我把一些场景和《老古玩店》或《大卫·科波菲尔》中的某些场景弄混了。我深深体味到学校是多么可怕。我害怕回忆童年、少年时代的学校，它像梦魇一样充满末日气息。如果允许我回到或选择一个时间段落的话，我宁愿选择漂泊异地的今日或弥留之际。我对神学院的惧怕是出于那些面目凝滞的牧师、嬷嬷，还是由于那些基督的学徒们的举动，我已不想探究。

于连从内心深处憎恶神学院，他喜欢漂亮的女人（他爱德瑞那夫人，虽然他"始乱终弃"。德瑞那夫人是不幸的，不幸的是她竟然相信爱情是世界的全部意义），喜欢权力（他对主教和将军职位的羡慕构成他的毕生梦想）。他永远不是一个清心寡欲者。他自然痛恨这个赞颂主的荣耀的地方，因为他目睹的法律和他内心深处的法律格格不入。也许悲剧就是从这里开始的。

于连以宗教作为出人头地的手段。而我的写作却只是除此之外没别的事可做。更应该说我对写作之外的兴趣不能长久。于连是雄心勃勃的权力欲者，这似乎是明确的了。他选择了宗教，这有时令人寒心。其实教会这种存在只是一个政治集团而从来也不是一个思想者俱乐部，至少在于连的时代情况就是如此。这不能怨于连，这只能埋怨那些保护者为什么有一日突然放下屠刀而心向血淋淋的圣子。不明白。历史总是糊涂的历史。

我的命运和最让人尊敬的于连的相似之处在于家庭出身、生长环境以及一颗向上的心。于连的家庭比我的要好得多。他是教师的儿子。他的一个什么亲戚又是木材场主。每当我路过功德林那家木材厂时，我总是从里面看到于连的身影。那些黄色锯末堆上生长着一两株寂寞的向日葵，极似我那时的心情。我的父亲只是一个按军队编制的农场的工人。母亲是一个家庭妇女，她不会书写汉字，但她的存在和她的口头讲述却是一部神奇的书，至少她讲述了诗。我和三哥总是谈起母亲对我们思想的影响。我们继承了父亲的性格：沉默、温和与忍耐，但社会秩序给这些性格又添加了许多别的元素。母亲是聪慧的，她的一生只是到了晚年才真正地平和下来。父母没有给我财富和地位，他们只给了我生命、性格与精神。我幼年时代、少年时代的家庭是极其贫穷的，这点于连无法与我相比。我只知道我饿而没东西吃时，后脑勺向后猛烈地撞墙。墙发出"咚咚"的声音。母亲连忙从外面跑进来，表情是焦急的，然后笑着说："你的头真硬。"我也笑了，又"咚咚"撞了两下。母亲拍拍我的头又出去了。徒有四壁的屋子里只剩下了我，那时我才五岁，我还不知道于连·索黑尔。从贫穷的生活中摆脱出来，要吃饱，要穿暖，这就是我此去一生的起点。

于连的痛苦只是没有社会地位的痛苦。于连的梦想是进入上流社会，这就极好解释了。我呢？羡慕同学的新衣新裤，羡慕同学的吃食用品。当我看见一个同学将吃剩的炒鸡蛋倒进垃圾桶里时，心里已不仅仅是一阵凄楚与痉挛。这种贫穷的、处于最底层的生活激起了一个孩子向上的决心。于连想做一名将军和主教，而我则想成为一名作家。

我曾错误地以为我的一生也和于连一样是向上流社会爬罢了。现在我已经不再这么想了。但在某种方向性上我们却具有一致性。于连能够背诵整部厚厚的圣经，这对于我来说是一个极大的震动。上高中时我背诵一篇又一篇的英语课文、历史论述以及语文书下部的注释……我知道像我这样的穷人家的孩子，仅靠聪明是不够的，更需要刻苦。一个回族朋友执着我的手说："你的手相是断掌，一生没有运气。若想有什么成绩，也是自己一点一点争取来的。"我默默点头。

我在任何一种失败中似乎都看见了自己挣扎而痛楚的样子，我告诉自己：小心翼翼。人生充满危险，稍微疏忽，便会沉船海底。于连是失败者，虽然在很长一段时间里我认为他的失败是技术问题。我以他的失败为镜子，一定要避免他的失败。这种避免便是约束住一个少年已经萌生的青春的火焰，对欢乐和热闹极度向往的心灵。我每天将自己关在室内。我每天将日记本打开检索一天的经历：说了多少句话？哪些是没有必要的废话？功课掌握到什么程度？除功课外自学计划又完成多少？写了几首诗？哪一句能让自己满意？守着故乡的河，我不会游泳；别的孩子在自行车上感受春天的风，我不会骑；孩子们在一块儿玩啊笑哇，却没有我的影子；更何况在心底所产生的最初的纯洁的感情……等以后吧。以后就是今日。今日什么都面目全非了。

于连的悲剧结局令我恐惧，我惧怕我在哪一个地方出了错，眼神或者举动，我更惧怕达到一个高度之后的毁灭。像我这种出身贫寒的人是极容易满足的。我似乎有了一种极大的野心，仅在精神领域，但命运也许和于连一模一样。人类的命运只是一种命运。人类千百年来唱的是同一支旧歌子。我为所有梦想者的失败而难过。我的艺术不能拯救什么，它只能使我安静。然而我若懈怠，这永恒的安静也不会光临。

　　我向于连·索黑尔表示敬意，他支撑我走过了最初的路。他告诉了我人类第一准则：改变命运的只能是你自己（努力，刻苦，虔诚）……我相信这个准则，至今仍旧相信。那个十二岁的中国孩子坐在煤油灯前读书写作。他也许知道那个虚幻人物虽然必消逝于未来一隅，但那两种伟大的元素：虔诚与宿命却已经融化在他的血液之中，驱使他成为一个孤独的旅行者，向着虚无的空处奋然前行。这似注定我生命序曲的基调：热情而有时颓废。

最笨拙的或最伟大的巴尔扎克

暑气沸腾，和牟森躲在露西亚餐厅喝红茶。牟森说，当代小说，《白鹿原》比较厚实。我说，《平凡的世界》，经验或细节颇为难得。二人共识最后归于哈金以及他提出的主张：伟大的中国小说。

哈金刚完成这篇文章的时候就电邮给张曙光一份。张曙光给我和另外两个朋友看了，认为这个提法对当代诗歌的实践也是有启发的。而我个人以为，这段描述非常重要："'伟大的中国小说'应该是：一部关于中国人经验的长篇小说，其中对人物和生活的描述如此深刻、丰富、正确并富有同情心，使得每一个有感情、有文化的中国人都能在故事中找到认同感。"

或许因为写诗之故，我对小说的认识渐渐放松。从前看小说，左边必说卡夫卡，右边必说普鲁斯特。而自己的叙述之笔渐渐僵硬，或者沦入人丁兴旺的眼高手低一族。既不能理解身边深刻的现实，对内在心灵的复杂也缺少有效的描摹。我这不是批评，顶多是自我检讨吧。关注自我没什么错，但自我和残酷的现实之间多少还有一些关联，好歹是基本事实吧？

巴尔扎克的小说，可谓忒多，《朱安党人》《私人生活场景》《邦斯舅舅》《贝姨》《高老头》……望着就害怕。但无可奈何，还是读了其中几册，比如《幻灭》《巴玛修道院》，其描写之精细，望尘莫及，但如此下去，耐性也渐渐丧失殆尽。那时年轻，本来耐性就不怎么着。毕业时，我去刘勇宿舍。他说，这四年，没干别的，尽看巴尔扎克，图书馆的中文版，全看了。我问他感觉如何。他愤懑道：全是垃圾！浪费时间！说着，拿出一张巴尔扎克像——这是他气愤时从书中撕下的。由此，我拒斥巴尔扎克的理由似乎更加充分，即使读了茨威格的传记，也是这么蛮横地坚持。

时间渐渐过去，青巾少年转为短簪匹夫，对世事多少知道那么一点，少了一些轻狂，也不敢随便褒贬是非了。看了许多中文小说，发自肺腑地觉得，若有一部或几部描写我们这个时代全部生活的小说，该有多好啊，像巴尔扎克那么细的——话一出口，我才意识到巴尔扎克这家伙在我心里留下了一根难以摆脱的又尖又硬的刺。

百科全书，很少有人从头看到尾，但每个人都实实在在离不开它。拉伯雷的同乡巴尔扎克就是这样的书，随时翻检，随时便可复活一个心灵的社会史。当代缺失这样的书，是不能埋怨任何一位作家的。作为读者，我有这样的期待，而作为作者，我很怕做这个，不仅因为苦，也因为趣味差异。忽然就想，最伟大的小说，也许就是最笨的。勃兰兑斯就批评巴尔扎克"文体拙劣"，但这并不妨碍他是一个"最上流的作家"。而轮到我自己，仍然喜欢聪明的小说，如博尔赫斯、卡尔维诺。伟大和智力终究是截然不同的两种东西，它们交织的范围有多大，文学测量员们尽管去摆尺子吧。

巴尔扎克，身材肥硕，精力充沛，皮肤白皙得像个女士，一看就像入世的模样。而一想到这么多的字都是他一笔一笔写出的，我便明白，他和这个世界多少保持着批判的距离。不管怎样，我在他身上学到了东西，比如"外省"——多么荒凉的一个词，远离首都，孤单而寂寞。如用法文直译，则是"普罗旺斯"，意味着阳光、田野、溪流，以及步行者，甚至一段能够幻想的罗曼蒂克。但巴尔扎克死的时候却没有这样的天气。大雨倾盆不说，而且送他去拉雪兹墓园的三个人，没一个称得上是他的朋友，其中一个甚至还是他一生最憎恶的敌人。

圣伯夫的小魅力

　　一谈起圣伯夫（一译圣伯甫或圣佩韦），就让人联系起敏感与阴暗、博学与乖戾、绝对的才华横溢和绝对的招人讨厌。若论圣伯夫绝对的聪明，那是法国文学批评史上罕见的大师——目光锐利，而且点铁成金。阿尔弗雷·德·维尼在日记中说，通过圣伯夫，雨果才懂得诗歌真谛。这话未免夸大其辞，但也说明圣伯夫技艺卓越。

　　而说到圣伯夫的阴暗，不能不说到波德莱尔。二人是绝对的好友，通信繁密，互道赞词。波一口一个伯夫大叔，圣伯夫回道：作为个人来说，你是最高尚最可靠的朋友。但是，一旦波德莱尔请他写评，圣伯夫就推三阻四，装聋作哑。当他听说其中一信将公开发表，赶紧将其索回，加些颜料，以使赞词稀释，而波德莱尔却剃头挑子一头热，仍旧赠其香料蜜糕，深表感谢。这还不算，《恶之花》被禁，波请圣伯夫为其公开辩护，圣伯夫却只答应出点小力，而且要求为自己保密，生怕别人知道。或谓圣伯夫不想受波德莱尔牵累，实则不然。八年前他就为勒南及其《耶稣传》公开辩护，与保守政府、教会做殊死搏斗，从而成为大义凛然、英勇捍卫知识自由的象征而受世人景仰。这次为何置之不理？不过是以私废公而已。有人不解其中奥秘，圣伯夫如此睿智，为何看波德莱尔的眼眶子发青？其实何止波德莱尔啊，福楼拜、司汤达、龚古尔……这些才华横溢的年轻人都曾领受圣伯夫精雕细刻的赞词。何谓赞词？客气话呀。然而一涉及文学批评，圣伯夫便无影无踪。更不必提波德莱尔提名法兰西学院院士之时，圣伯夫不仅不推一把，反而假惺惺劝其退出：你辞谢反而给人一个良好印象啊。这是什么人呀！普鲁斯特为此打抱不平，写下传世之作《驳圣伯夫》，阅毕真是出了一口长气。

　　这些似乎都是坏话。其实相关坏话还有许多，而且绝对不是流言蜚语。但由此写去，也易给人太坏的印象，若造成因人废言，则我之罪也。为人与持论毕竟不同，希望诸公阅读圣伯夫评论时不必受我影响，毕竟年代久远，人物远去，只有他的可取之处长存。不过，也可因此获得启示：批评者所忽略的，也未必不是杰作。如雨果这样的俊士，那个时代即使没有圣伯夫，他也一样会霍然出现。正如维尼所说，谁也不是傻瓜，傻到不去掌握引导人认识事物的美好知识。大智慧如雨果者，自然不在傻瓜之列。

若及私德，某位传记作者在他的《雨果传》里更愿意触及圣伯夫与雨果夫人的私通，或者指责圣伯夫给自己的私淑朋友和文学伙伴雨果戴绿帽子。对此，我倒是想为圣伯夫说点小公道话，或者说这也正是他的小魅力所在。雨果多欲，颇类花花公子，夫人再好，外面难免有些仰慕的女文青。雨果夫人也就闺房寂寞，常常保持"关机"状态："郁闷中"。圣伯夫敏感细腻，了解女性心理，或可责他乘虚而入，而其与雨果夫人初见，情愫已生，一个巴掌拍不响，两个巴掌响又亮。以老道德论，圣伯夫的确不成体统，而以新道德论，圣伯夫恰恰是真正的爱情——到其晚年，他还说自己年轻时代的天主教色彩是因雨果夫人而抹上去的。勃兰兑斯毫不客气地指责圣伯夫此说甚是轻薄。

波德莱尔死后，诽谤丛生。好事者告诉其母，你儿子是疯子，是恶人。圣伯夫给苦闷中的波母写去一信：你的儿子是一个聪明的好人。虽大处有亏，但小地方，圣伯夫还说得过去。

乔伊斯携带的爱尔兰

布伦南·马多克斯的《乔伊斯与诺拉》是一本有趣的书，里面记载了一个不起眼的幽会，经过不断转换，它竟然成了独特的精神起源。詹姆斯·乔伊斯的好运气，来得就是这么容易。要是嫉妒能杀人，我估算这世上也就没谁了。

1904 年 6 月 16 日星期四傍晚，詹姆斯·乔伊斯和诺拉·巴纳克尔，在都柏林的林森德地区以及附近海滩散步。像这样普通的散步，世上每时每刻都在发生，暂且不算那些不管天白夜黑的疯狂分子，想想时差也就了然于胸。同一天，都柏林正在举行阿斯科特金杯赛马比赛，黑马"丢掉"以 33：1 的赔率获胜。

这一天在结构大师乔伊斯的精心策划之下，成为神圣之日，引万千乔迷尽折腰。这一天当然就是著名的布鲁姆日，所有现代都市流浪汉的节日。

这次幽会并没有直接出现在小说之中，但赛马却原封不动进入其中。这恰好证明，小说与现实之间存在一条暗道，彼此不仅证明对方存在，也暗示彼此复杂的对应关系。这些复杂的东西，为许多乔学家提供了金光灿灿的饭碗。但我更感兴趣的是乔伊斯本人。那个夜晚发生的事情，使他自认终于明白了爱的意义，就是所谓"想要别人好的欲望"。但乔父看不上诺拉，嘲笑她："巴纳克尔，巴纳克尔，老天，她会缠着他的。"巴纳克尔（Barnacle）的原义是藤壶，是一种附着于水下物体如岩石或船底的小甲壳动物，乔父以此讥笑诺拉是死缠烂打型的女性。若说死缠烂打就是白头偕老的幽默表达，倒也合适。

是啊，没结婚前，谁不担心婚姻？C. 戴－刘易斯曾写道："两人的结婚是怎么回事？／那是一个人的失踪，隐没，／由于受了伤或自愿退位……"（穆旦译）。但乔伊斯根本不把这个放在心上，只要在一起就行。直到二十七年后他们才结婚，以此向乔父表示一点象征性的忏悔。

秘密幽会前一周，在纳索大街，乔伊斯认识了诺拉。这是典型的街头偶遇，电影中或许视为浪漫，生活中多少有点轻浮。这点与诺拉对乔伊斯的第一印象完全吻合：

乔伊斯只是"一个找乡下女孩搭腔的都柏林小无赖"。而这一时期，乔伊斯的打扮更接近一个水手。只不过他的航行领域不是水海，而是心海。旅馆招待诺拉未必解得这些，门当户对在此自然有着比较狭隘的积极意义。但诺拉高挑美丽，卑贱的社会身份对年轻乔伊斯不构成任何障碍。只要美貌，只要赏心悦目，年轻人的感情总是单纯而直接的。

但是诺拉并非看上去的那么单纯。她给乔伊斯的一封信，字迹刻意而规矩，内容被怀疑是抄自书本。而此时乔伊斯已经患上眼病，他看到的诺拉并非真实的女性，而是一条模糊的倩影，但这条倩影更加真实，配得上一本名著。也许就是她使封闭的乔伊斯与世界拥有了积极的联系。没有鲍里斯，卡夫卡还将是卡夫卡，但没了诺拉，乔伊斯还是乔伊斯吗？对于漂泊异乡的乔伊斯来说，诺拉就是可以携带的爱尔兰。

布鲁姆日已过去一百年，街上的尤利西斯丝毫没有减少，反而越来越多。每个人都希望自己能找到自家的门牌号码，不仅仅通向乔伊斯兄弟遥远的鸽舍。

勃留索夫的遗憾

　　象征派无一例外喜欢探究神秘事物，用塔罗牌占卜过去与未来，用星象仪测试星座运行轨迹在人世的反应。似乎冥冥中自有呼应，作为莫斯科或俄罗斯前象征派的大哥，勃留索夫如愿以偿找到了自己坚强的文学后盾：天蝎出版社和天秤杂志社，从而得以扬帆远航，成为倡导欧洲主义精神的先锋。但他的为人与书写却绝不怪异，而是一清二楚的，甚至有点恣意妄为。当他功成名就，对年轻同行则热情扶持，但其粗鲁刻薄也伤及人心。

　　勃留索夫留在茨维塔耶娃送审的诗集上的三行评论让读者震惊："玛·茨维塔耶娃的诗由于不是在恰当的时候出版，也没有恰如其分地反映当代，所以是无价值的。"时机不恰当，我能理解，茨氏自己也清楚，1919年是俄罗斯"灾难最肆虐、最黑暗、最死气沉沉的一年"，但她不过是想拿未出版的诗稿换五天的面包而已，"无价值"的断语却成为一块重石压在她二十一岁的心头。

事隔多年，她也没有忘记勃氏写在诗稿上的那些"难以辨认的、小里小气的笔迹"。

勃氏有此评语并非偶然，或许与茨氏语含挖苦的献诗有关："我忘记了你的心只是黑夜中的一盏灯，/而不是一颗星！我忘记了！/你的诗歌抄自书本，/你的批评——源自妒嫉。年轻的保守者。/有那么一瞬间，我又错把你看作/伟大的诗人。"（任一鸣译）直率、大胆，让勃留索夫头痛不已。但这仍然不是事件的源头，在此之前勃氏曾写过不客气的茨氏书评……而前面还有……我似乎看到古老命题的重生：鸡与蛋谁生了谁？

真相或许已经湮没，而我以为所谓真相并不重要，重要的是两个心灵伟大的人物在同代生活中如何编织彼此的关系。他们之间肯定发生了什么！但我们现在却一无所知，而且似乎没有必要知道。勃氏自始至终没有公开袒露心迹，而茨维塔耶娃多年之后却明白无误地说："我确信：在真诚的恨的外表下，我是爱着勃留索夫的，只是以恨为形式的爱比我迷恋他为形式的爱要强烈得多。"她甚至不忘指责勃氏"在情感上是个聋子"。勃氏的确有这个嫌疑，他自己曾说："事实上，对我来说，爱上谁都是一回事。"他的心看起来有点过于粗犷，尽管他与尼娜的感情纠葛曾悲喜交加，令人垂涕。

似乎有比较充分的理由确认勃茨龃龉源自私人感情。

但曾受勃氏青睐的霍达谢维奇却持不同意见："青年诗人的作品如果没有请勃留索夫评价过并获得他的认可，那么，毫无疑问，勃留索夫永远也不会原谅他。玛丽娜·茨维塔耶娃即为一例。"前象征派的"勃核心"似乎有点霸道，对文学名誉也相当在意，他在当代中国同样能找到合格的代理人——对此，我缺乏必要的兴趣。那么，事情到此似乎豁然开朗。但我仍然不以为是，事件肯定还有另外一面。勃留索夫自己曾说："每一个问题都很可能有不止一个答案，而是有好几个正确的答案，可能是——八个。只坚持一种真理的话，我们就有失去其余七种真理的危险。"这种认识的丰富性，我极为欣赏。当然它也让我想起昭文故事，得一音而余音皆失，不如弃琴，说不定能听到自然的箫声。

理解文学人物，过于高蹈肯定不成，但也忌讳庸常。尤其需要小心福楼拜描述过的布尔乔亚庸人，过着物质性的生活而恪守传统伦理。他们尽管理解能力有限，却又喜欢乱发议论。这时候我便觉得，勃留索夫的遗憾并非由当年的粗鲁评论造成，而是因为 1920 年他突然成了某种机会主义者。这与他热衷于过度的荣誉、热衷于成为核心有关？茨维塔耶娃评论事件只不过是一个小小的前奏而已。

纪念君特·格拉斯

13 日[1]下午得到君特·格拉斯去世的消息，我没惊讶，也没有更多的痛惜，因为我知道他岁数不小，遽归道山早在意料之中。这么说并不是冷漠，而是因为多少知道一点儿生命的底细，这就像洞悉奥斯卡·马采拉特（见《铁皮鼓》）为什么不肯长大一样，他的选择或者特殊的生命状态在成年人眼里多少显得古怪，但是在他的自身逻辑里却是理所当然的。

我曾经如同奥斯卡·马采拉特一样不愿意长大，因为对成年人世界感到恐惧。但是同时我又渴望长大，因为我隐隐察觉，只有长大，才能彻底摆脱成年人世界的管制。这与奥斯卡·马采拉特不同：他非常彻底，而且仰仗铁皮鼓这一屠龙宝刀，把本来庄严的政治集会变成世俗的交际舞会。看到那一幕，说实话，我明白自己根

---

1. 指 2015 年 4 月 13 日，君特·格拉斯逝世。

本无法做到，不仅仅因为勇气的匮乏，更因为面临能力与道德的双重困境。

第一次读君特·格拉斯的东西是在20世纪80年代中期，那时我正在迷恋海明威和托马斯·曼，茨威格和帕拉·拉格克维斯特……名字一串一串的……看到君特·格拉斯的名字，不免从英文的角度戏谑地想，猎手和草地——不知与屠格涅夫的田园风光有无关系，而从德文的角度来想，它们可能仅仅是几个单词而已。

君特·格拉斯对词语相当眷恋。某年冬天我在台南的台湾文学馆访问，里面正在展览他的绘画、雕塑和手稿，而且巧的是，我再晚到两天，这个展览就撤回德国去了。我暗叫庆幸，好像在菜市场买到了又便宜又新鲜的西红柿。其中有一份君特·格拉斯的手稿，为我对他是"一个文字炼金术士"的判断提供了足够而有力的物质证明。我不懂德文，但是我从这些反复书写的相似单词之中看出些许奥妙。词根在不断变化……君特·格拉斯反复在写单词，虽然他主要是小说家，但是请别忘了他同时也是一个诗人——他对词语的敏感和自我训练，让我生出知己之感。我知道他是想看看这些词语反复试验之后的效果，因为他说过"一个词呼唤另一个词"。没有一个作家是天生的，大概都是自我训练的结果。

年轻的时候读东西，还有一个原因就是获得自我认同，或者一种心理暗示。狠一点儿地说，是为了使自己产生一点儿"试着走下去"或者自我圣化的幻觉。这种幻觉在多年之后可能会自然消失，或者变得可笑，但在当时却能产生一种促进的力量。在君特·格拉斯那里，我获得的肯定来自于他的个人生活：他不会游泳……我也不会……他不会骑自行车……我也不会……那时还没有看到他的回忆录《剥洋葱》。这本书和塞弗尔特的《世界美如斯》一样，都是我舍不得读完的，仿佛读完，世界就如同梵天做的梦一样，梵天醒了，世界就结束了。

君特·格拉斯的展览中，主要部分是他的水彩画《我的世纪》，总共一百一十一张，他几乎给这个世纪的每一年都画了一张。我特意找了我出生那年的水彩画，并且拍了下来。可惜的是上面的德文说明我不认识，又不好意思让馆长为我一个人解释。不过我猜，上面说的大概是什么人在抗议什么人，然后什么人坚决不让他们抗议之类。对德国文学或者君特·格拉斯有点儿了解的人都知道他是一个左翼作家，所以他对政治的兴趣肯定是超过卡夫卡和普鲁斯特的。1973 年 6 月 29 日，他在翡冷翠的一次演讲中就说："我的目的是使布拉格和雅典的伤口继续张开。"有兴趣的人可以去查原文，黄灿然十五年前就把它译成了中文。

　　某一年，君特·格拉斯成为舆论焦点，这是他获得诺贝尔文学奖之后又一次被广泛关注。关注点是他曾经加入纳粹党卫队的问题……关于这个问题的讨论和资料早已铺天盖地，我不是专家，任何表态、辩护和阐释都没有意义。君特·格拉斯对这个污点是承认的，但是他认为这个污点并不妨碍他是一个坚定的反纳粹作家。我们都知道直面自己其实是非常难的，鲁迅就曾说过"皮袍之下的小"这样深刻而普遍的社会道德命题……

　　就在我将要结束本文的时候，听到另一位作家爱德华多·加莱亚诺刚刚去世的消息。4月13日怎么啦？有的朋友说是这天没有月亮的缘故。爱德华多·加莱亚诺与君特·格拉斯的相似之处至少是有这么一点的，那就是对现实与历史非常关注。爱德华多·加莱亚诺写过《镜子：一部被隐藏的世界史》，还有一本书令人震撼，那就是著名的《拉丁美洲：被切开的血管》。在所有的语法句式之中，我特别讨厌的就是被动句，它意味着被强迫的心不甘情不愿，而奥斯卡·马采拉特一生反抗的可能正是这个玩意儿。

马尔克斯先生的冰块

对我来说读书就是生活。

至于是不是一切，我想保持沉默。我有权保持沉默。

文学阅读仅仅是读书的一部分，当然是比较重要的部分。这没什么可说的，因为我是一个诗人。在我心中，文学工作是值得自豪的工作，虽然不是能养家糊口的工作。

20世纪80年代不仅是文学的时代，但是我却只想回忆文学光辉是怎么照耀那个时代的。

当年的大学课程几乎都和文学有关。古典文学、现当代文学、东方文学、欧美文学、民间文学、屠格涅夫研究、《左传》研究、新浪潮电影……

读文学作品是我的专业。写文学作品是我的嗜好。

把专业和嗜好结合起来，是我一生之中最棒的一个选择。

读的书非常多。我是标准书迷。用"疯狂"这样的词形容我非常恰当。

好书、烂书、自己想读的书、消遣的书、被迫读的书，一本又一本，中文的，英文的……各种阅读体验，痛苦、悲伤、喜悦、惊奇、厌烦、不知所措……

来到北京进入大学宿舍第一天的第一个小时内（1985年9月4日上午7时15分）就碰到这样一本书。

一本几乎影响20世纪80年代中国文学的书。当然也影响了我。

《百年孤独》。

其实它当时还不是一本书，而是刊登在《十月》杂志上的一部长篇小说。

后来尽管成为我朋友的范晔重新翻译并且出版了这部刚刚具有中文版权的马尔克斯小说，我还是对他说，我非常喜欢当年高长荣的译本，因为那是我的初恋……

这本杂志来自我当时的北京室友温正来。温和的老温对我说，这本小说忒棒。

如果我没有来到北京，如果我没有碰到老温，我真正的阅读起点会从什么时候建立呢？我经常这么想。当然我可以追溯阅读穆旦翻译的普希金抒情诗的中学时代。

当时让我震惊的不仅是《百年孤独》的开头部分："多年以后，奥雷良诺上校站在行刑队面前，准会想起父亲带他去参观冰块的那个遥远的下午……"

复杂的句式。中文之中从来没有出现过这样的句式。虽然复杂但却清晰。它将两个不同的时间段落连接在一起。紧随时间的就是空间。时空跨度带来回忆的沧桑之感。

我记得不少同代作家和诗人都曾经回忆过这个开头带来的巨大震撼。

多年以后，作家余华坐在电脑屏幕面前，可能同样会想起自己当年阅读《百年孤独》开头的那个激动人心的时刻……然后作家余华写下这样的句子："李光头坐在他远近闻名的镀金马桶上，闭上眼睛开始想象自己在太空轨道上的漂泊生涯……"

这部名叫《兄弟》的长篇小说引起争议并非因为这部小说的模仿式开头。我再次翻出这本小说，发现封面照片下面酷似张学友上面酷似金平——我童年以及少年时代的朋友[1]。

顺便告诉读者，我在书架丛林之中翻找这本已经蒙上灰尘的小说之时，弄翻了许多厚重的书，其中一本在下坠的过程之中将我的眼镜砸飞。我想起某位书店经营者就是以这种方式终止生命旅程的，不由心里暗惊，非常后悔自己翻找旧书的行为。

---

1. 这个版本是上海文艺出版社 2005 年版。

让我震惊的不仅是《百年孤独》的开头部分……还因为有一个纯粹属于个人生活的体验被马尔克斯的黑手触及或者给予了某种程度的印证。

当然我也由此明白自己与马尔克斯先生之间存在的差异。

　　霍·阿·布恩蒂亚付了五个里亚尔，把手掌放在冰块上待了几分钟；接触这个神秘的东西，他的心里充满了恐惧和喜悦，他不知道如何向孩子们解释这种不太寻常的感觉，又付了十个里亚尔，想让他们自个儿试一试，大儿子霍·阿卡蒂奥拒绝去摸。相反地，奥雷连诺却大胆地弯下腰去，将手放在冰上，可是立即缩回手来。"这东西热得烫手！"他吓得叫了一声。父亲没去理会他。这时，他对这个显然的奇迹欣喜若狂，竟忘了自己那些幻想的失败，也忘了葬身鱼腹的梅尔加德斯。霍·阿·布恩蒂亚又付了五个里亚尔，就像出庭作证的人把手放在《圣经》上一样，庄严地将手放在冰块上，说道：

　　"这是我们这个时代最伟大的发明。"

我来北京之前已在东北生活十八年。每年长达六个月的冬天使我对冰块的特点了如指掌，但是当时我却没有注意过或者没有郑重其事地记录过触摸冰块的感觉。我现在正尝试回忆触摸冰块的体验，甚至可以立刻穿上羽绒服走到荒芜的柳园里去触摸一块此时此刻的冰，然后认真感受并认真地记录下来。但我却没有走出门去，而是沉浸在回忆之中。

冰块是冷的，这是它的本质决定的。这种认识几乎根深蒂固。正是因为这种正确的触觉意识才导致我对"这东西热得烫手"感到突然和震惊。热是冷的对立面。一个冰冷的东西怎么可能是热的？但我当时并未产生丝毫怀疑，而是高度认同。冰块确实是"热"的，确实"热"得"烫手"，而我以前怎么没有想到呢？我不由得不佩服马尔克斯精确的感受能力。

其实"烫"的感觉才是导致热之认识的主要原因。冰块以其低温之冷对温热的手构成强烈的刺激。值得注意的是，真正的热量集中营是手而不是冰块。当低温的冰块与温热的手构成强烈的温度对比的时候，冰块给手的刺激就与烫手的尖锐性之间产生类似的感觉。

两种感觉，在马尔克斯的黑手之中获得巧妙的置换契机。

物理真相就是如此，而美学真相则源于马尔克斯先生的美学相对论。同时他赋予冰块的美妙感觉不仅唤醒童年的奥雷连诺上校的好奇心，而且使生活在封闭之地马孔多的布恩蒂亚先生成为一个热衷发明创造和新生事物的先驱。

我的震撼原来是有其内在的物理原因和逻辑原因的，而不仅是修辞形式。

非常感谢马尔克斯先生创造的这块产生热量的冰，它是我们这个时代最伟大的魔术，当然也是我们这个时代最伟大的发明。而且我知道，孤独不止百年，因为"一日长于百年，拥抱无始无终"（帕斯捷尔纳克）。

帕特里克·卡文纳及雨夜旧信

　　在亚马逊买了两本书，其中一本是企鹅版的《帕特里克·卡文纳诗选》。我对卡文纳算不上熟悉，多少知道一点儿，大约在作家出版社版的《希尼诗文集》里见过。《诗选》封底说卡文纳是"20世纪最重要的爱尔兰诗人之一"——上接叶芝，下启希尼，这还了得？

　　为了证明这一点，我又翻了一遍《希尼诗文集》，这才注意到里面不止一处提到过卡文纳，最显赫的莫过于《归功于诗》这篇诺贝尔文学奖受奖演说。希尼说："再后来，在伊丽莎白·毕肖普风格的纯洁结果中，在罗伯特·洛威尔风格的透明执拗中，以及帕特里克·卡文纳风格的露骨对峙中，我遇到更深远的理由，确信诗歌具有说出发生的事情，'同情这颗星球'以及'不关心诗歌'的能力和责任。"当年读到这里时就想过，这可能就是"希尼谱系"的一部分。我读毕肖普、洛威尔多一些，算是老熟人了，卡文纳又是谁呢？好奇心萌生，就东寻西找相关的书，都没什么结果……随着时光流逝，卡文纳在我的文学版图之中渐渐消减了颜色。

忽然想起相关的人事，觉得有必要提一下，算是给日渐衰朽的记忆留些结实的痕迹。《归功于诗》的译者周瓒是我多年的友人，而《希尼诗文集》则是友人孙磊、宇向夫妇赠送的。书里还夹着他们当年写给我和妻子的信。信是宇向写的，用的是圆珠笔，隔了这么多年，蓝色的字迹一点儿也没有变淡，或许是受了希尼的庇佑。雨夜读着这封旧信，内心感受又岂是几句话所能表达的？好多年都没联系了，最近一次通话还是五年前《滑冰者》刚刚印出来的时候[1]，不知他们现在怎样了。我只是一如既往地留意他们的作品。前天收到一本杂志，里面有宇向的近作《你知道我是谁》："我不在意孩子如何长成大人，我在意他在我身边，生命就在我腹中。我在意一个孩子告诉我，柳树是低着头长高的。"

《诗选》拢共三百页，我粗略翻了一下，卡文纳的东西大致分为三个时期。年轻的时候写乡村生活，比如《给一个孩子》："孩子，不要走进／灵魂的黑暗之处，／因

---

1. 本文写于 2010 年。5 年前，即 2005 年，桑克的个人诗集《滑冰者》由《新诗》丛刊推出，收录 38 首诗、4 篇随笔和 1 篇散文。

为那里灰色的狼群哀鸣，/瘦弱的灰色的狼群。" 中年的时候写愤怒，比如长诗《大饥荒》（《当代外国文学》曾经登过刘晓春的相关论文）："生活与其说是残忍还不如说是污秽"（刘晓春译）。这是一行痛彻肺腑的诗句。爱尔兰大饥荒发生在1845年、1846年、1847年，三年之间，有一百五十多万人饿死，一百多万人背井离乡。这在彼得·格雷的《爱尔兰大饥荒》中有比较详尽的叙述（这本书已有中文版）。现在的都柏林街头还有一组纪念大饥荒的雕塑，时刻提醒着丰衣足食的当代爱尔兰人，他们曾经拥有怎样悲惨的历史。卡文纳作为一个诗人积极回应了这段历史，我们中国诗人又该如何回应自己的历史呢？我这里并非批评中国诗人的历史意识，因为我实在没有这个资格，我只是觉得我们确实有许多东西需要及时地去写，比如写出与我们的历史相匹配的作品，这其实算不上更高的自我要求或艺术要求。

最近在看一本回忆录式的评传《落英无声：忆父亲母亲罗烽、白朗》，读罢几乎无话可说，只是有一点微不足道的感受萦绕心头：历史的本尊可能是在反复的书写之中比较出来的。传主是两位东北作家，他们的坎坷遭遇可能具有一定的代表性。文学不同于历史，卡文纳的《大饥荒》就是这样一种典范：更为重要的是，在描述事实的基础之上怎么写出乡村的本质。

卡文纳晚年重写乡村生活，他认为"诗不应该是社会批评论述，也不该是自我论述的研究，而是随性、诙谐、不需矫揉造作"[1]。这时的卡文纳把世事看透了。这或许从另外一个角度证明，人到了什么岁数就该做什么岁数的事，换句话说，每一代人都有每一代人的任务或工作。类似的话听到的很多，比较有名的是托马斯·杰弗逊说的："每一代人都需要新的革命。"这里的革命可能只是一个隐喻，意为更积极的突破，并非字面本身所具有的意思。

卡文纳的自传是 The Green Fool，如果按照信达雅的标准，可能就会译成《年少无知》。按照我的意思，不如直译成《绿傻瓜》或者《青皮傻瓜》，这样岂非更有意思？这本书提到卡文纳拜访戈加蒂的事。卡看到戈的屋子里有个女人（其实是女仆），以为是戈的妻子或者"小三儿"，事后还说风凉话："我还以为诗人都有个偏房呢。"戈就以诽谤罪告了卡。戈加蒂帮过乔伊斯，乔伊斯的"回报"是把他变成了《尤利西斯》中的勃克·穆利根——金隄把这个名字译成壮鹿马利根。

卡文纳死的那年，我出生了。这可能就是我和卡文纳的缘分，那就埋头读他的诗吧。忽然看到《在拉格伦

1. 转引自台湾大学"国家科学委员会"人文学研究中心相关资料。

路上》，有点儿似曾相识……哦，想起来了，这不就是欧拉·法隆的歌《拉格伦路》么？法隆的声音舒缓缱绻，犹如海上的精灵塞壬，属于迷死人不偿命的类型。拉格伦路是都柏林的一条街道，夹在埃尔金路和克莱德路之间。歌词大体因循了卡文纳的原诗，只是个别字词有些小变动，如 met 改成 saw 之类。原诗第一节是这样的："在拉格伦路上在一个秋日里我和她第一次相逢，知道 / 她暗色的头发会编织出一种诱惑，知道我将遗恨终生；/ 我看到了危险，我也走过了这条着魔的道路，/ 我说，让悲伤做一片跌落的树叶吧，在这一天的黎明。"清澈中还是有不少深刻的东西的。

赫塔·米勒的顶针

　　　　　　因为我能够自由地观察行人，所以我可以吃得饱。

　　这句话出自赫塔·米勒的短篇小说《一只苍蝇飞过半个森林》，这是我看过的唯一的一篇赫塔·米勒的小说。我没看过的好东西和坏东西都是比较多的，这是我说的。那时我还清楚地知道什么是好消息，什么是坏消息，这是赫塔·米勒说的。不管是阅读者还是批评家都逃不脱局限，所以突然遭遇赫塔·米勒的名字显赫起来的这个夜晚的时候，我想到的第一句话就是：可以吃惊但不要太吃惊。这句话的意思是说，我们错过的好东西是非常多的，所以我们不必太吃惊。还有一层意思当然就是，这么好的东西，我们居然错过了，当然是要吃惊一下的。让我们吃惊的东西何止这些？那些在文中没有任何痕迹的好东西又有多少呢？何况赫塔·米勒的名字在中文里出现又不是第一次。《世界文学》里的这篇，《译林》里的《黑色的大轴》——我怎么也没找到这篇，不知道扔到哪里与灰尘为伴了。还有《风中绿李》——这是长篇小说，台湾出版的。

题外话似乎有一点多，还是回到这句话吧。我感兴趣的不是这里的"我"的状态——"自由地观察行人"，而是说这句话的语气。"我"能够"自由"地观察行人，就说明存在着"不自由"地观察行人。谁能想到观察行人与自由具有如此的联系？我从前对小说家提起"诗"这个词时是相当警惕的，因为存在着这样的或者那样的滥用，但是现在我对赫塔·米勒保持着崇高的敬意。请注意我的用词，我用的是"敬意"，而且我在敬意之前加了一个朴实的形容词，"崇高的"。这在耶利内克那里是没有的。这么说，并不意味着我对耶利内克抱有什么偏见。我只是觉得赫塔·米勒让我更觉得亲切。这种亲切感，我在卡夫卡以及米兰·昆德拉那里得过，还有一大串的苏俄时代的作家，比如阿赫玛托娃、帕斯捷尔纳克，诸如此类。打住。我知道我有这个毛病，说着说着就会离题万里，而我有时又振振有词地为自己辩护。我这是继承柏拉图辩诘的传统，绕来绕去地接近真相——我没用"真理"这个词，我有点儿为这个词感到害臊。

还是说说这句话吧。观察行人的自由，多么好的方式。有许多人拥有这个自由，但是又有多少人恰如其分地使用这个自由呢？我没有计算过，我也不想说自己就是恰如其分的一分子。我没有什么值得骄傲的，我只知道生活是朴素的，新闻写作或者诗歌写作都是以逼近真实为目的的。没有什么矛盾。矛盾是什么？——一个是带尖儿的，一个是一块迟钝的平面。我更感兴趣的或者说让我有点吃惊的是这句话的因果关系、逻辑关系，因为与所以。因为我能够自由地观察行人，所以我可以吃得饱。自由观察行人与可以吃得饱，有什么必然的联系？因为今天天气太冷了，所以我必须再穿一条裤子。这是正常的逻辑关系。因为今天天气太冷了，所以我必须再脱一条裤子。这是乖戾的逻辑关系。因为今天天气太冷了，所以我必须再写一篇电影评论或者其他什么东西。这就有点接近赫塔·米勒小说中"我"的逻辑结构了。我喜欢赫塔·米勒这么写，我喜欢她的这种逻辑关系。它不是正常的，不是乖戾的，它是与我们的现实有关的，与我们的心灵所受到的待遇有关的。表面看起来"因为""所以"之间具有这样或者那样的沟壑，其实在我看来它们之间是多么的平坦，几乎不用一座水泥小桥连接，直接就通过去了。因为所以，这么简单的一句话几乎说透了赫塔·米勒的遭遇以及她想表达的东西。

还是接着说赫塔·米勒，她在德国的地位没有更年轻的英戈·舒尔策和尤迪特·赫尔曼那么引人注意，即使是在同代的四五十年代出生的作家中，也不如沃尔夫冈·希尔比克或者大名鼎鼎的伯恩哈德·施林克——尽管他的《朗读者》在国内大卖，但是同名电影没有上映。即使是在女性作家中，赫塔·米勒似乎也不如多丽丝·杜莉或者燕妮·埃尔彭贝克，所以她才让某些自负的批评家感到恼火，觉得自己的智商受到了挑战。这有什么呢？残雪或者曹乃谦不就是这样的么？还有更多的小说作者，更多的诗歌作者，他们不能进入批评视野和翻译视野，究竟是谁的责任？瑞典人没有被大众左右，没有被书评界左右，没有被几个研究者左右，挺好的。他们干吗非得让我们高兴或者洋洋自得？他们从来没说过他们就是终结，而且公信力也不是说有就有的。

又说远了。我一直在跟这个毛病搏斗，但是写着写着又跑了。过去我也总以为我们写的乡村比赛珍珠写的好。等真看了《大地》，我觉得还是赛珍珠写得更逼真。住在哪里不是问题，问题是你有没有这个才能。就这么简单。还是回到这句话，这篇小说，里面的"我"是叙述者，她讲了她与他的事情——什么地下汽车制造厂什么土豆什么矿山或者坟墓——而我不能将这小说重新叙述一遍。从故事的角度说，这篇小说什么都没说；而从小说的角度，它说了许多。我不能明确而直接地说，是因为我没有这样的条件。

我挑几句吧，几乎可以和因为我能够自由地观察行人所以我可以吃得饱媲美的。

……在昏睡中我梦见我身穿一件无色透明的连衣裙。假如有人透过连衣裙看见了我的身体，那么这件连衣裙肯定是由玻璃制成的。但是并没有人看见我的身体，要么我没有穿连衣裙，要么他人无法透视我的身体。

……当我在厂房里轻声哼唱的时候，我听不见我的歌声。但是当我在家里默默地哼唱"我的人生如顶针"的时候，我居然听见了我的歌声。我从不唱"他的人生如顶针"，我也不说这句话，我只是想想而已。

赫塔·米勒暂时说到这里，轮到我了。我不能唱我的人生如顶针，因为我不做针线活儿。我想说的是，对一个作家的敬意不过是阅读她的作品。作为一个普通的读者，从一个作家那里获得的恐怕不是什么信仰，而仅仅是一种类似寄托的东西。这些东西如果不能支撑一整天，那么起码可以支撑他阅读的这段时间。我们阅读是因为我们需要。但是大多数时候我们不阅读，这就说明我们不需要。格奥尔格·M.奥斯瓦尔德说过类似的痛心疾首的话："德国人不欣赏他们的当代文学，是因为他们不欣赏他们的当代。"

纽约的奥哈拉的超现实

　　我年轻的时候非常喜欢弗兰克·奥哈拉，因为赵毅衡翻译的《文学自传》几乎就是我的童年写照："要是有人找我／我就躲在大树背后，大叫'我／是个孤儿！'"I am an orphan。我其实从来不是一个社会学意义上的孤儿，为何这么认同这一行无助而彻底的诗呢？当然，这可能源自与生俱来的孤独感或者其他的什么，或者可以追溯一个时代的起起伏伏的波纹。赵毅衡翻译的《诗》（"拉娜·特纳倒下了"），给我的感受更是细腻的，以至于无法以普通的言语表达的。或许需要一首与之相适应的诗，但是我却从来没有应和过他，因为我的兴趣随着时代的压力而转移到了其他的地方，这不是轻重的砝码就能甄别的。"哦拉娜·特纳我们盼你起来"，表面似乎平淡无奇，而且当时除了美好之外想不出其他的更多的东西。而当多年之后我在巴士上看到一个读报纸的中年人，这行诗却突然闯进了我的大脑，清晰而且有力，它不仅充盈着祈祷的气息，而且掺杂着我一时难以尽述的生活体验。

奥哈拉写过许多以《诗》为题的诗，可能是偷懒或者省事，更可能是出于对元诗的考虑或者对俄罗斯诗歌传统的尊重——我知道这是无谓的猜测。总之，这是奥哈拉写作的重要组成部分。我在《弗兰克·奥哈拉诗选》里选用了两首《诗》。一首是自然一点的："今天那信没有来临……"记录一个雨天里的情景，这种情景或者相似的情景，我们在生活中几乎是经常碰到的，它们能否进入诗歌，或者进入永恒，就要看它们的运气了。反过来说，这就要看写作者是否能够将它们准确而细致地请进诗歌之中。在细节的捕捉方面，奥哈拉是非常值得效仿的。另外一首比较整齐一点，"夜晚中国佬嘭地 / 一声跳上亚细亚"，我的译文大体上体现了奥哈拉的意思。这可能和诗的主题有关，中国式的，或者奥哈拉想象中的中国式的，安静的、热烈的，有着东方的神秘或者禅意的东西。奥哈拉写过不少关于中国的东西，比如《一个中国人的传奇》，比如《为了中国新年和比尔·伯克森》，后者长达上百行，起首的地方引用了 D.H. 劳伦斯的诗，这种引用当然不是偶然的，而是表达了更多的指向。

我们需要记住，不管中国元素在这里扮演着什么，奥哈拉始终都是一个纽约诗人。纽约对他来说意味着什么几乎是不言而喻的。奥哈拉可能不像阿胥伯莱那么有抱负，他仅仅活了四十岁就被车祸夺去了生命，但是他的诗还是会让人偶尔想起来。

难道说年龄的影响真的这么重大么？像詹姆斯·迪安。可能是吧，我不能确定。但丁所说的"中途"问题是可以确定的，而晚年问题怎么样，我已经感觉到了，但是现在却觉得没有说的必要。这是因为我的懒惰，或者出于某种可以控制的直觉。我知道自己越来越倾向于英诗的庄重，而对美国诗的喜欢并不如之前那么强烈，而且兴趣可能截至罗伯特·洛威尔和马克·斯特兰德就打住了。我不知道这种变化是如何发生的。或许与我面临的汉语现状有关。奥哈拉自始至终面临着英语现状，但是他好像并没有这方面的烦恼，好像他一出手就已经继承了什么。这与欧洲的超现实风气有关么？我不清楚。我的观察是这么显示的，自发到一定状态可能就有失控的嫌疑，或者是让人觉得不那么自在。自由和放纵的区别还是很大的。W.H.奥登算不上美国诗人的典型，实际上，我一直把他当英国诗人看待。这种看法当然有点古怪，他的美国之行勉强算是一种出走吧。而奥哈拉当然就是一个不折不扣的美国诗人，与老惠特曼是一脉相承的，因此，他就有许多潜伏的内在的来源，美术、电影，或者某种优雅的中产阶级生活方式。围绕自己的生活，或者仅仅是自己的生活，然后尽量将其他的事物吸引过来，就像他在听音乐的时候形成的印象，构成了一行高度概括性的诗："马勒伟大，布鲁克纳恐怖。"（《感伤的成员》）如果我坐在奥哈拉对面，可能会因为兴趣相仿，握一下手，当然不是击掌——还用不着这么激动。

奥哈拉诗里的粗话当然没有拉金那么多，或者圆滑——他是不得不用吧，比如在《诗》（"我住在一个同志酒吧的上头"）里，将纽约的夜生活写得活灵活现: 狂欢、喝酒，还有几句暧昧的关于猫的诗行，好像暗示着什么。一种现代艺术，它的胃口一定是大得惊人的。一个诗人处理的事物，即使仅仅是个人生活的，也是丰富而值得放在显微镜下仔细观察的。奥哈拉从不是表面化的，《离开他们的一步》写的是一次午餐之后的城市之旅。这种旅行几乎天天都在发生，但又有多少人将它固定在纸上，或者捕捉在照相机的取景框上? 你看到了什么? 听到了什么? 回忆与议论，看似松散，但是隔了几年之后，你会发现，你是历史的记录者之一。而你当时不过是随手写了下来。当然不指望感动，不指望有什么更高的纯诗的追求，如瓦雷里，这可能就是纽约人的一点个性吧。英国的那几个人或者德语的保罗·策兰几乎都是奇迹，而纽约不是奇迹，仅仅是生活，或者电影脚本。随意的、即兴的，或者某种看似严肃的恶作剧。奥哈拉一会儿是成年人，一会儿是孩子，问题是你不知道他什么时候是孩子。对读者来说，这些诗再有体温也是冷的。

　　死后的声誉没什么意思，所以不必讨论。如果奥哈拉服了药，他的幻觉就是生理性的，如果他是一个健康的人，他的幻觉又来自哪里呢？一个省略了步骤的想象，一个抽去了桥梁的结果，大约也就如此。或者我们懒惰时直接将这些归结于天赋，归结于几个评论家的评论。但这些没什么意思，只有唐纳德·艾伦编辑的这本《诗汇集》可以代替奥哈拉继续辩护，肆无忌惮，或者说得严重一点，迈向堕落的生活。当然，与垮掉者们不同，纽约人更舒服一些。毫无顾忌，却不肯深入，或者从来也不能深入。精神弱了一些，可能更应该去读哈特·克兰，而不是奥哈拉。但是奥哈拉不这么想："……我要 / 至少像平民那样活着。如果 / 一些我的乱七八糟的崇拜者说'那 / 不像弗兰克！'，多好啊！我 / 没一直穿棕色和灰色的衣裳，/ 是不是？是。我穿着大号的工作服，/ 经常这样。……"（《我的心》）但还是不够深邃，不是么？

这不是要求，当然，这仅仅是一种认识，有限的认识。这个世界可能是公平的，因为每个相互接触的心灵都显得亲热，似是而非。《我为什么不是一个画家》是奥哈拉的名诗，我在无聊的时候又把它重译了一下，当然并没有使之增色或者减色，这从某种角度说明，奥哈拉对译诗是有足够的抵抗力的。这首诗几乎是现代画家的教科书，有那么一点离经叛道或者邪门歪道的意思。画沙丁鱼的画家最后只写了一堆字母，如果切除幽默的成分，大约是符合实情的。推而广之，诗人也可以这么干——通篇没有"橘子"这个词，但是写的却是橘子。不要因此就说现代艺术是皇帝的新衣，现代艺术的严肃性与它的恶作剧特征几乎是相伴而生的，其实非常容易区别，只不过懒得区别而已。

专业评价可能并不重要——我是突然这么想的。奥哈拉生活在艺术家之中，他的朋友之中多数也是艺术家，如拉里·里弗斯。他们第一次见面是在 1950 年。他俩站在一起的时候，不少朋友都说他们彼此相似。可能就是这种亲近感启动了他们的友谊。奥哈拉的不少诗都是写给朋友的，他有一组诗的名字就叫《三首关于肯尼斯·柯克的诗》。肯尼斯·柯克与阿胥伯莱，都是奥哈拉领头的纽约派的成员。他们的自然、轻松、与艺术密切相关，都是让我感到舒服的地方。奥哈拉曾经说过："我是最随和的人。我所要的一切是无限的爱。"他在严谨的基础之上开始随心所欲。他的单人主义更像是一个艺术家的主张而不像是一个诗人的。艺术家们的日常生活可能更自由一些，而语言可能比颜料更难摆布，这可能就造成了审判的时候筛选是必须保留的步骤之一的问题。这些我又有什么资格谈论呢？这里的译诗只是一个导引，它们对我个人的意义可能更大。我想起我的朋友们和同行们，死去的或者书里的，或者其他活着的。《离开他们的一步》之中的一句意大利语是傅浩帮我咨询来的，在此表示一下谢意。还有一行疑问句请教过王敖。每个人都有自己的朋友或者心仪的艺术家。奥哈拉在他的名作《1950年阵亡将士纪念日》中，写了许多他心仪的艺术家和诗人，比如毕加索、格特鲁德·斯泰因、马科斯·恩斯特、保罗·克利、奥登、兰波、帕斯捷尔纳克、阿波里奈尔；在《文学传记》里，他还给不少名人分别写了一行诗，比如乔伊斯、罗纳德·费班克、菲利普·罗斯、狄更斯、康普顿·伯内特、克莱门特·格林伯格、阿拉伯的劳伦斯、阿维拉的圣·特蕾萨、圣保罗、格鲁佛·瓦伦、皮埃尔·布列兹、巴龙·奥斯曼、麦克里希等等，这些人其实就是奥哈拉日夜呼吸的空气，就是他的超现实。

勒·克莱齐奥的回敬

　　勒·克莱齐奥获得诺贝尔文学奖使他再次被广泛言说。我想他本人可能并不在乎这种言说。而我的言说可能有凑趣的嫌疑，那么就顺便说说我的心得吧。对于我，克莱齐奥当然不是一个陌生的作家。我读过他的小说，可能暗中受过恩惠，但是我却记不得什么。当然这不是一件值得骄傲的事情，更不是可以嘲笑一个作家的理由。每一个作家都从来没有让每一个读者满意的责任。如果实现这个"责任"，或许是一件相当恐怖的事情。

　　我记得《诉讼笔录》。我读这本书的年龄与克莱齐奥写这本书的年龄仅仅相差了两岁。我知道这么比较有点无聊。克莱齐奥受的是什么文学教育，我受的又是什么文学教育，没有什么可比性。虽然我受过文学教育，但是更多的是自我教育。这就是我对克莱齐奥漠然而又保持敬意的一个原因。他可能迅速地越过了常识的壁垒而进入了自己的个人世界。我暗中感谢克莱齐奥的教训，他可能由此赋予我或者我的同胞再次阅读他的机会。而且我希望他更多的书，尤其后来写的那些隐秘而深刻的内容能够出现在质朴的中文之中。当年耶利内克让我恐惧过。我明白我始终在人的边缘，从来没有深入过核心。或许如同川端康成在车窗玻璃上看到的倒影，模糊或者糊涂，好像印象派斑驳而绚丽的秋天。

我可能更适宜阅读米歇尔·布托尔的《变》或者《时间表》，因为在那里我能清晰地看见自己的生活，或者每一个人琐碎得近于美好的生活。人在年轻的时候就会暴露未来的精神气质吗？可能吧。但是我还是不愿意把克莱齐奥的处女作当作他的一个终结。当时间流逝得太快的时候，我可能就会比较容易遗忘作者的年龄。年轻人的生命毕竟是短暂的，老年人看见的可能更惊心动魄，但是他们此时此刻已经不愿意就此说些什么了。说话的仍然只是年轻人和不肯衰老的老年人，如同米沃什在获得诺贝尔文学奖之后反而开始了真正的文学之旅。作家的斗争与火车相似，都是与时间较量，看谁将时间保存在了记忆之中。这么说的意思不是向某些读者推荐克莱齐奥的书。如果某些读者因此而读了也不是我的责任。我的意思是说某些读者可能会感到失望，因为克莱齐奥并没有提供你们想要的东西。

如今的小说变成了讲故事,似乎只有这样才是唯一的正统。我不想表示反对,就如同面对许多读者要求诗歌提供与新闻相似的表达一样。这些都是读者的权利。但是诗歌从来就不是这样的,文学也是。文学有时好像不存在的空气,看不见摸不着,但是如果真的没有它,人就会窒息而死。克莱齐奥在中文里活了这么长时间,从 20 世纪 80 年代到现在,至少也有二十年了[1],但是又有多少人知道他呢?即使知道他如我这样的人,不也没有接受他的影响么?活着等于没活,这可能让作家失望。何况克莱齐奥来过中国三次,喜欢中国的生活,喜欢中国的作家。他对老舍的喜欢和某些英国人相似,但是老舍却没有听到他的敬意。中国人也没有听见他对古老的中国的敬意。我们的兴趣可能多少有点马后炮。当然,这样比较保险。

克莱齐奥的书肯定将迅速地出现在各个书店显赫的位置。我在书店里甚至想说,你们这里还有许多明年和后年的获奖者。但是我没有这么愚蠢。因为商家势利是必要的。对于作家本人来说,或许可以躲过更多的金融危机或者个人的生活危机。但是克莱齐奥的钱缩水了,

1. 本文写于 2008 年。

这是百年不遇的。而中国人似乎更加有信心，埋头生活，埋头描绘自己的生活。这当然不是出于什么自信，而是由于发现了生活或者写作的真正秘密。生活就是要埋头生活的，否则就变成了高高在上的飞机。

纪念艾特玛托夫

6月10日[1]，艾特玛托夫死了。死的时候七十九岁，死在远离伊塞克湖的德国。我不知道他临终的时候是否孤单，不知道查密莉雅或者长角鹿妈妈的幻影是否安静地站在他的面前，然后转身撞开病房的白门，消逝在走廊深处夏夜寂寞的回声之中。

艾特玛托夫曾经拥有许多中文读者，我也是其中之一。我不止一遍地读过他作品的中文译本，甚至模仿他的风格写过一篇小说，它使我在毕业的时候意外地获得一个小说奖。在20世纪80年代的中国，二百元是一笔巨款，它足以维持一个成年人六个月的日常生活。

艾特玛托夫是吉尔吉斯斯坦人，但是中文读者仍然习惯性地把他称为苏联作家。其实把他称为一位俄语作家似乎更为合适，虽然他声称自己能够熟练地使用双语

---

1. 指2008年6月10日。

写作，但是他的作家声誉主要是靠俄语获得的。

艾特玛托夫不是一个普通的作家，他在苏联和吉尔吉斯斯坦的宏大历史中，还曾扮演过驻外大使、总统顾问和公正党主席这样一类更为要紧的政治角色。他的父亲是吉尔吉斯斯坦早期的布尔什维克和州委书记，因为在肃反运动中蒙受不白之冤而于1937年死在监狱之中。艾特玛托夫没有文学教育背景，他本人毕业于吉尔吉斯农学院兽医系。1958年，他凭借中篇小说《查密莉雅》出道，阿拉贡将它译成法文，称它是"世界上最美的爱情故事"。

1973年，艾特玛托夫的"黄皮书"《白轮船》出现在少数读者的视野之中。幸运的是，它没有成为独立青年的批判对象，相反，它纯美的格调和忧伤的温情震撼着每一颗正在成长的心灵。

20世纪80年代初期，中国涌现出一股公开出版艾特玛托夫的热潮。他的第一部长篇小说《一日长于百年》发表于苏联《新世界》杂志两年之后，中文版就公开问世了。小说的名字或许得自帕斯捷尔纳克1959年写的诗《唯一的日子》："睡眼惺忪的时针/懒得在表盘上旋动，/一日长于百年，/拥抱无止无终。"

1986年，艾特玛托夫发表长篇小说《断头台》，在苏联引起强烈的反响。仅隔一年，隆重问世的中文版引起更加广泛而热烈的争议。冯加在《译后记》中写道："《断头台》是一部相当复杂的作品。由于小说涉及敏感的宗教问题，由于贯穿全书的有关善与恶等的哲理性思考，由于作者惯用的象征、寓意手法，更由于评论者不同的文艺观，因此《断头台》的引起争论是很自然的。"

　　1988 年秋天，我去科文厅[1]观看中山大学学生剧团的话剧。没有更换的秋衣，我就将冬衣的棉里拆掉穿在身上。剧团的编剧吴楠扎着两条麻花辫子，她说我身上灰色的长衣就像阿夫季的道袍。阿夫季·卡利斯特拉托夫是《断头台》里的主要人物，在我精神恍惚的某一个瞬间，我把他当成了自己。我迷迷糊糊地回到了童年。旷野之上，野狼的哀号中渐渐融入公狼阿克巴拉的哀号，而远处模糊的兴凯湖则与伊塞克湖叠在一起。这或许就是钦吉斯·艾特玛托夫永恒的原因。

---

1. 北京师范大学科文厅。

特朗斯特罗姆与唤醒的诗

10 月 6 日 [1] 悲欣交集。

悲的是美国苹果公司前任 CEO 斯蒂夫·乔布斯病逝，欣的是年老的瑞典诗人托马斯·特朗斯特罗姆获得诺贝尔文学奖。乔布斯说：活着就是为了改变世界。特朗斯特罗姆说：诗歌是禅坐，不是为了催眠，而是为了唤醒。

第一时间获知特朗斯特罗姆得奖的消息，涌入脑海的四个字就是：众望所归。

早在《瑞典文学史》（1961 年瑞典文版，中文版即外国文学出版社 1985 年版）附录的文章《瑞典战后文学》中，就有对 20 世纪四五十年代涌现出来的瑞典诗人的描述："有一位比其他人更加闻名世界，他的诗歌被译成三十多种文字。这就是托马斯·特朗斯特罗姆。"遗憾的是，这里所说的三十多种文字之中并不包括中文。

1. 2011 年 10 月 6 日。

从 1984 年第 4 期《世界文学》发表北岛翻译的《诗六首》开始，特朗斯特罗姆的名字逐渐走入中国读者尤其是中国诗人的心中。至今，他的诗集已有三个中译本：《绿树和天空》（李笠译，漓江出版社 1990 年版）；《特朗斯特罗姆诗全集》（李笠译，南海出版公司 2001 年版）；《特兰斯特罗默诗选》（董继平译，河北教育出版社 2003 年版）。

探讨译本得失并非我书写此文的原始目的，但是我也不想回避与译本相关的某些争论。虽然特朗斯特罗姆的译者众多，但是主要译者仍是北岛、李笠和董继平三个人。他们的译本都有各自的拥护者，拥护的理由自然也是各式各样的。比如王家新在阅读《黑色的山》时就说，特朗斯特罗姆为它[1]提供了一种奇异的生成方式，而李笠则为它提供了汉语的节奏和质感。陈东东将李笠看作另一个特朗斯特罗姆，现代汉语中的特朗斯特罗姆。柏桦在一篇长文中说：北岛译的特朗斯特罗姆，我从 1985 年起就注意到他是译得最好的。

北岛和李笠都是特朗斯特罗姆的朋友，也是我极为敬重的兄长。从他们的译本中，我受益甚多。而且我深知译事的艰难，故而我非常明白他们对特朗斯特罗姆的

----
1. 指特朗斯特罗姆的诗《黑色的山》。

态度之谨慎皆出于深思熟虑。所以彼此有所分歧也属正常。在我看来，这种分歧其实正是不同译本的魅力所在。当然，我也有心仪的这一首诗，或者那一首诗，这要看此刻的阅读是出于什么样的需求。

李笠译本是直接从瑞典文翻译来的，北岛译本是从英译本转译来的。一般来说，直译比转译更好，这是毫无疑问的。但是其中存在一定的特殊性，那就是由于诗歌翻译不同于其他文体翻译而更加强调创造性的缘故，某些转译可能会比直译更加深入人心。从我的角度来看，这多半是由于译者运用母语写诗的能力造成的，而不仅出于对原文理解的差异。

北岛说，弗尔顿的英译本是最值得信赖的译本。而我手头恰好有一部英译本，是特朗斯特罗姆和芬兰诗人帕沃·哈维科的双人诗选，属于企鹅现代欧洲诗人丛书的一种。哈维科的译者是安塞尔姆·霍洛，而特朗斯特罗姆的译者正是罗宾·弗尔顿。

我个人挺喜欢弗尔顿翻译的《致防线背后的朋友》。李笠的译本是这样的："信落在检察官的手上。他打开灯……""请回味句中的含义。我们将在两百年后相会 / 那时旅馆墙上的高音喇叭已被遗忘 / 我们终于能安睡……"可以说这也是我的现实与未来。

特朗斯特罗姆两度来中国旅行，中国的奖也得过两个：新诗界国际诗歌奖（2004 年），诗歌与人·诗人奖（2011 年）。他还写过一首关于中国的诗《上海的街》，北岛说原来的题目叫《上海》。"公园的白蝴蝶被很多人读着。/ 我爱这菜白色，像是真理扑动的一角。"这是北岛的译本。北岛还说，白蝴蝶的意象来自发票。特朗斯特罗姆从北京到上海旅行，没人陪同，使馆就让他把所有的发票保存好。他困惑地望着发票上的中文的样子引起了围观……

我手里的中文版《特朗斯特罗姆诗全集》，是友人从北京捎回来的，上面有特朗斯特罗姆的缩写签名"T.T."。尽管可以看出他的控制力，但是由于 1990 年中风而改成左手写字的灾难还是留下了比较明显的痕迹：微微颤抖的笔迹使花体字母 T 有些接近字母 J 了。

用继续对抗沉默

"山后的天光 / 虽然太阳已经消逝——这光 / 好像太阳的影子，扑向大地。"这是格丽克的诗《脱粒》的开头四句，收录在《2008 年美国最佳诗歌》里。

还不错。更多的话可能就不容易说出来了。

一个写诗的人对另外一个写诗的人的兴趣，大约有两个方面：一个是技术性的，一个是趣味性的。当然有的读者可以把后者的外延扩大一下，把她个人的生活或者八卦一起拽进来。这是读者的权利，虽然写诗的人不以为然。

我对路易丝·格丽克的兴趣说不上有多浓，勉强谈谈还是可以的，比如谈谈她对冬天或者雪都是怎么写的，东北人或者北方人肯定对此有兴趣。而她的诗歌整体，或者说她的每部诗集或者某一组诗的诗学企图或诗歌野心，我就没有能力说什么了。

细数起来，格丽克也算是劳模吧，七十七岁十二本诗集。对这样的人我是尊重的。对于写得少还特别牛气哄哄的人我则保持怀疑，即便是兰波或者兰博或者兰博基尼。而面世的少和写得少是两个问题。我为自己经常纠结于常识问题而看不起自己，换作格丽克可能更刻薄。

1968 年的《晚雪》，格丽克直接写雪的两组句子，分别由两个半行组成："……鼻涕虫 / 已经被一场雪给消灭掉了……"；"……一场晚来的雪拥抱着 / 知更鸟的树……"鼻涕虫就是蛞蝓，这类小型生物在冬天不可能存活；晚雪拥抱树木，"拥抱"可以算是拟人，表现大雪覆盖树木的距离与状态。不过描写雪景不是重点，而是以之烘托气氛或者延展格丽克认为比较重要的东西。诗是写一对老年夫妇的，男的坐轮椅，女的照顾他，去年秋天，男的死了，女的挪他的时候伤了腿。日常，又有悲伤萦绕其间。由此不难理解雪扮演的角色。有意思的是诗的结尾，孵蛋的知更鸟妈妈"枯萎"了，这是和那个失去丈夫的老年女人对应吗？仔细想想，这一层意思确实有。而此前的诗《蛋》就没这么直白，象征性更多一点儿。

20 世纪 60 年代真的没什么可说的，正如格丽克说的："我感到……某种幻想——语言的、人际关系的——已经结束。"沉默的语言也是现实，不少写诗的人都承认这一点。

在《雪》里，中年的格丽克回忆童年的一次经历。隆冬时节的 12 月，爸爸带着"我"去纽约看马戏。"我"是谁？尼克·哈珀写的《路易丝·格丽克的"我"》，探讨了"我"与"说"的关系，涉及抒情诗内在运作机制的问题。也许正如艾略特推崇的，"抒情诗是一种突出而独特的自我交流体裁"。这里的雪与人物的关系比《晚雪》密切，"白色纸张的碎屑／吹扫着铁路枕木。"雪化身白色纸屑，而爸爸则在这样的冷风中扛着"我"。很难说人物周围的景色是独立的。这首诗最精彩之处并不是"我"从空茫中学习或者吸收东西的感悟，而是"我记得／我目光直视着／爸爸看见的那个世界"。两个人同时看着同一个世界，这个暗处的"纽带"和把两条铁轨联系在一起的明处的"枕木"／"纽带"（可能只是多重语义而不是双关），还是有着精细的关联的。

"冬天对你是有意义的"，《雪莲花》这么写道。这对我更有意义。"更"其实有问题，但是现在我想过度强调。格丽克经常强调她不是这样这样的，她也不是那样那样的。写诗的人大多都有这个"毛病"，不肯就范于专业读者的铸铁模范，更不肯就范于业余读者的塑料模具。所以你用女权你用犹太人问题什么的，都不可能牵着格丽克的鼻子走。"你知道我是怎么生活的？你知道 / 绝望是什么……"格丽克的自问自答从来都是这么严肃，不可能像德纳第中士的自问自答："绝望的绝怎么写？ / 绞丝旁再加一个色字……"或许就应该是"绞死旁"。对生活，谁也没有命运之神残忍。"我不指望活下来 / 大地压迫着我"，但是事情往往更复杂，尽管格丽克处理诗歌问题往往采用直接的办法，但她还是把复杂的状况给呈现出来了：在早春寒冷的光中，"是的，我害怕，但是又在你们中间 / 尖叫着冒险的快乐"。生命就是这样的，熬过害怕的时候，或者像《晚雪》中的老年女人，早晚要把知更鸟迎回来。

与《雪莲花》同一时期的《春雪》，开始还挺不错："看那夜空 / 我有两个自我，我有两股力量 / 我和你在一起，靠着窗户 / 看着你的反应……"后来进入昨天的回忆，死亡 / 暴力出现了。死亡是写诗的人必须面对的。但是我在这里并不想多说这个，不是因为它的沉重性，而是觉得我们应该换个环境来谈，还有格丽克的两性诗也是如此。现在还是说说这首诗。从诗歌结构来看，开始不错，后面阴黑；而从时间线来看，今天不错，昨天阴黑，所以我还是倾向于这诗没那么沉重。而"雪"在哪里呢？在标题上,在"大地像月亮一样闪闪发亮"之中。人到中老年会变仁慈,或者变得容易原谅自己,所以喜欢大团圆的电视剧也就情有可原,但是有一点是聪明人都能想到的,那就是这并不能改变基本的事实。

也是同一时期的《冬末》,照样没有单纯的悲或者喜,而是一种对诞生的自我鼓励。"你想要出生,我就让你出生",你是谁?你好像一种"新事物"。新生命?也许吧。不管是鸟叫还是人哭,都有"一条连续的线/把我们彼此联系起来"。格丽克没有西尔维亚·普拉斯那么孤绝,尽管格丽克被视为后自白派。她们相差十一岁,和杜甫与李白的年龄差一样。在稳定的社会环境中,年龄差不是问题,所以我们完全可以把她们放在一起来看。师承关系又重要又不重要,或者它根本不及家庭关系那么重要。

家是普拉斯的主题,也是格丽克的主题。在家里,格丽克的妈妈是"低语"的,爸爸是"表演和伪装"的(这是扛着女儿看马戏的爸爸吗),而"我"/格丽克本人则是"沉默"。格丽克自己也明确表示过:"像这个家里的绝大多数人,我有一种强烈的说话欲,但那种欲望经常遭到挫败……"所以她才会选择没完没了地写诗,才会有限度地表达自己的情感。比如《初雪》:"像个孩子，大地要睡了，/ 或者故事就是这么说的。/ 但我不累，它说。/ 而妈妈说，你也许不累，/ 但我累——/ 你能从她脸上看出来，每个人都能看出来。/ 雪已经下了，睡意也来了。/ 因为妈妈病得要死了 / 她需要安静。"活到六十六岁这个年纪，格丽克理解的东西肯定比二十五岁的时候多，虽然她二十五岁的时候就已经发现了生命的部分秘密。

斯蒂芬·延瑟在 2015 年的《耶鲁评论》上把格丽克和贝克特相提并论。贝克特的小说《无法称呼的人》结尾，谈到了对付"沉默"的办法，就是"必须继续下去"。而"继续"也是格丽克对付"家庭"或者"沉默"的办法。格丽克尝试过各种各样的"继续"，而且不只这样，还有别的，比如延瑟提到的格丽克年轻时候的厌食症。从生理学来说，厌食症是疾病，而从诗歌或者精神来说，这是对食物的过度克制（还有禁欲）。这和普拉斯的克制不同——虽然一般人并不愿意把自白派看作懂得克制的人，相反还认为他们都太放纵了。确实，我们有时确实分不清 20 世纪 60 年代中期的行为是放纵还是叛逆。尽管一个老教授的形象在想象中更趋于保守，但是格丽克的诗呈现的却不是温吞水，而是犀利的燕麦芒（根本不是手术刀），尽管程度远远不及普拉斯。这倒不是因为普拉斯的死亡选择放大了她精神钻石的重量（多少克拉才够上流社会的级别呢），我们知道《钟形罩》的逻辑非常清晰，绝没有混乱的迹象："一双双眼睛、一张张脸都转向我，我被这些目光牵引着，仿佛被一根魔线牵着似的，迈步走了进去。"（杨靖译）普拉斯是被动的，格丽克也是，而且格丽克和父母的关系也同样受到普拉斯《郁金香》的影响。我绝对不会同意有的美国评论家说普拉斯是个"坏女人"。格丽克也不是。

《哥伦比亚美国诗歌史》的"后自白派诗歌"部分是格雷戈里·奥尔写的，他说："家庭是格丽克作品的中心主题。她童年是在郊区度过的，她与父母、姐妹、亲戚的关系——显然是自传体议题，但却是以近于神话的语言方式呈现出来的。"自传体，嘴硬的格丽克是绝对不承认的，但是自传体性质总归是有的吧？

首先看直接的自传体部分。格丽克"反对我爸爸"（《最初记忆》）；同情母亲——"我妈妈擅长一件事／把她爱的人送到另外一个世界"（《摇篮曲》）。而家庭其他成员，"我家里有两个圣人／我阿姨和我奶奶"（《圣人》）——一点儿不意外，这两个圣人都是女的。顺手八卦一下，奥尔除了写诗还研究斯坦利·库涅茨，而格丽克和老库一同参加过哥伦比亚大学诗歌讲习班或者说格丽克跟老库学过诗，彼此的渊源想必也深。

再看神话的部分。比如《奥德修斯的决定》，"这个伟大的人回到他的岛上 / 他不会死在天堂里了"，这里的奥德修斯仍是老样子；比如《塞壬》，"当我坠入爱，我就犯了罪 / 以前我是个女招待"（这两句是柳向阳译的，其他都是我读格丽克诗的时候随手译的，只是一个意思而已），这里的塞壬完全是一个现代女性。或许这就是奥尔说的神话式呈现。而在1985年那首非常著名的诗《阿喀琉斯的胜利》中，"在这种关系中总是 / 一个服务于另一个，一个少于另一个：/ 等级制度 / 总是显而易见的，虽然传说 / 并不可信——"写的是格丽克父亲的死，但是眼尖的人看见了"等级制度"。另外三首关于喀耳刻的诗也挺有意思的。《喀耳刻的折磨》："我很后悔 / 这些爱你的无论你在 / 还是不在的年月"。《喀耳刻的悲伤》："最后，我让自己 / 知道你的妻子仿佛 / 一个神，在她自己的房子里 / 在伊萨卡，响起一个没有 / 身体的声音"《喀耳刻的力量》："我从来没有把人变成猪。// 有些人就是猪，我把他们造得 / 看起来像猪。// 我厌倦了你们的世界 / 让外部掩盖了内部。你们的人都不是坏人……"最后一首没难度，但是我非常喜欢。

格丽克用"继续"对付沉默，而与"厌食症"相似的困境呢？写诗也是一种治疗方法。与其说我信这个，还不如说我就是这么干的。和格丽克同代的苏珊·哈恩是用诗治病的专家，只不过她治的是别人，不像格丽克属于自我治疗，但她的病情实在不能和普拉斯相比。这么说没有轻视她的意思。作为一种美学解释，读者能够接受诗歌治疗的概念，更何况对付困境的方法还有一些。格丽克在她主编的《1993年美国最佳诗歌》"介绍"里说过，"没有我们的世界才是完整的"，所以写诗的人中有的宁可疏远人而去亲近宠物。格丽克在《马》里写道："我看见你一个人，/骑马走到奶牛场后面的田野里，/你的双手埋进母马/黑色的鬃毛。"孤独的人在母马那里解决了孤独感。《新共和》的诗歌编辑亨利·科尔谈论过格丽克的《信使》，这首诗里写到大雁和鹿，它们"几乎一动不动，直到它们的笼子生锈/灌木在风中抖动，/矮下了身子，没有了叶子"，这种共情也许仍旧需要代入，但是转念一想，差别并不大，还是得"继续活着"，而这——才是格丽克的朴素之处。

一 新鲜必要的治疗 一

与《人物》分享的三本书

今年[1]读了许多书，大多是旧书（其实也不旧），主要还是围绕自己的专业和写作而读的。当然还有许多书是非专业的，比如一些有想法的书、一些有趣味的书，诸如此类。在这里我仅举三本今年出版的书，与细心的读者分享一下我的快乐。

皮埃尔·马舍雷的《文学在思考什么？》。即使其中针对斯达尔夫人、乔治·桑、雷蒙·格诺、雨果、巴塔耶、塞利纳、萨德、福楼拜、福柯等人的批评可能没有给中国读者一定的启示，但是它的思考方式，它重拾社会学批评传统的努力，多少都对当下五彩缤纷的中国文学批评具有一定的作用，或许能够解决目前比较普遍却被视而不见的问题。而且我们同时知道，这些努力并非取消了文学本体论的研究，而是提供了其他视角，以了解更

1. 本文写于 2011 年。

多的侧面。

现在出版的解读《罗马书》的著作越来越多了，比如非常著名的卡尔·巴特的《罗马书释义》，它们是借题发挥，还是研究神学的要旨，聪明的读者肯定会自有心得的。今年贡献的新译本是乔治·阿甘本的《剩余的时间——解读〈罗马书〉》，里面不仅仅有词语的显示，还有洞见的呈现。阿甘本在中国受到越来越多的重视，他在逐行的知识解读之中进行更为广泛的阐释与联系，对我们在学术方式上的启迪是非常明显的，但同时他也对基础的夯实做了强调。比如我可能更看重其中类似《诗与韵》一节所显示的东西。

宇文所安的《晚唐》一书来得其实并不算"晚"，但是它的作用却已经明显小于《盛唐诗》《追忆》，甚至是《初唐诗》了。这可能是因为，对汉学家的方法与体验，中国人已经明显有了自己的主意，不论是文学的、政治的，还是历史研究方法上的。这可能与我们基础的拓展以及更广泛的视野的建立有关。但同时，我们也看到了更多的冷漠与随意，比如针对重庆大学版的"千高原诗系"的态度，比如针对帕慕克的《别样的色彩》的态度，等等。这是否与读书时尚化、消费化有关？一阵旧风过去，又吹来一阵新风？

新鲜必要的治疗

于尔克·舒比格的《当世界年纪还小的时候》是友人推荐给我的。如果没有她，我可能永远读不到这本神奇的小书。逛书店，我从没在儿童读物前停过脚。现在想来，这是一个严重的问题。从装帧设计来说，于尔克的书简单得不能再简单，平静得不能再平静，只不过是一些隽永的小故事加上一些漂亮的插图。但我严肃地认为，于尔克的每篇故事都值得反复阅读。他的书本意是给孩子看的，但我觉得大人看了更得益。里面有篇故事《书》，是这么写的："那本书就这样被烧掉了，只剩下关于那本书的故事还在流传——一本被火烧掉的书的故事。至于在浴缸中、在湖中、在大海中被水淹死的书的故事，我还没有听说过。"这篇故事本意是对书呆子的幽默告诫，但我却读出了另外一层意思。这本趣书的结尾是一个非常短非常短的故事："洋葱、萝卜和西红柿，不相信世界上有南瓜这种东西。它们认为那是一种空想。南瓜不说话，默默地成长着。"这些话如同溪水那么平静，但它却细腻而婉转地把读者的心灵浸泡得像海绵一样柔软，像风一样敏感。它给大人的震撼肯定超过孩子，因为在孩子的想象里，大人是没有位置的。

阿尔谢尼耶夫的《在乌苏里的莽林中》其实并非新书，早在三十年前商务印书馆就出版了中译本，不过那不是公开发行的，出版目的也和现在略有不同。这种特殊的出版方式或许能够吸引钩沉者的兴趣。我碰到此书纯属意外。我是黑泽明迷，自然不会放过他的奥斯卡最佳外语片《德尔苏·乌扎拉》。欣喜之余，免不了顺藤摸瓜，寻找地理学家阿尔谢尼耶夫的原著。抚摸着暗绿色的新版封面，我多少有些意外。

我的出生地完达山地区与乌苏里山区是"邻居"，所以阿氏笔下的山川风物让我感到亲切的同时也让我激动不已。分水岭、风倒木、兴凯湖、雄马鹿在旅行中安静地扮演着自己的角色，而猎熊遇虎则接近于即兴演奏的快板，让旅行者在自然中放松的神经小小地紧张了那么一下。山区的动植物彩色图片存于书后的附录之中。如果谁有兴趣去中国东北山区旅行，不妨带上此书，一则可以认识丛林中的丰富事物，二则也可以打发漫长而黑暗的夏夜。在都市中住得过久，我们的神经或许会变得衰弱，回到莽林算是一种新鲜而必要的治疗吧。

如此精微而动人的景色对我们构成一些刺激，而这恰恰是我们刻意追求的，但这对貌似聪明的我们来说还是有点被动。你想，这样的治疗，我们在上班途中都曾遭遇过，比如一棵槐树或杨树偶然也能引发一些悸动。但阿氏的考察没有停留在这个层次上，出现在他字里行间的更多身影是属于人类的，不论凶悍的土匪红胡子，还是孤独的汉人李淳宾。向导德尔苏·乌扎拉是阿氏倾注心血最多的一个人物。他是一个单身的赫哲猎人，他的一言一行或许能够从根本上治疗我们的困惑，那就是我们怎么和其他事物相处。德尔苏把老虎称作人，这种方式虽然有点奇怪，但却充满神秘而动人的和解力量。有的读者或许会批评这种带有萨满色彩的沟通方式。我觉得目光不宜分散，而应该集中到德尔苏与自然相互融合的混沌之中。德尔苏从不把自己独立于自然之外，更不把自己看作一个征服者。人是自然的一部分，这本来不是问题，是人类的自大使之成了问题。

托克维尔是19世纪法国著名的政治学家和历史学家。他的名著《论美国的民主》和《旧制度与大革命》许多人都读过，并有深刻的心得。我读《托克维尔回忆录》

并非对其政治生涯感兴趣，而是被他对人生和历史的精湛评述所吸引，尤其其中一些看起来并不十分耀眼的内容，有的仅仅就是那么几句话或几个耐人寻味的小细节。比如"不管我遇到什么人，只要他的精神或感情中没有什么罕见的东西打动我，都可以说我没有见过这个人"。托氏这种作家式的特立独行风范对他的社会生活产生强烈的震动。托氏并不一味高蹈，他也想妥协："我进入众议院后，就试图去掉作家的形象，但没有成功……"托氏骨子里的东西是根深蒂固的，这使他有别于其他同僚，内心深处总是暗藏着浓重的个人好恶标准。在回忆录里，他对路易·拿破仑的描述极其刻薄："他的两只眼睛晦暗无光，就像安在轮船下层舱的厚玻璃，虽然可以透光，但往外面什么也看不见。他对危险毫不在乎，能在危机的日子里安然处之。同时，对于一些相当平凡的事，他又总是研究来研究去，拿不定主意。"托氏生动而尖锐地描摹出这一历史人物的相貌和个性。不管什么人，心灵深处多少还是有一些真实的。当我们对外界知之甚少的时候，不妨从自己的内心开始勾描历史的青山绿水。

必要的杂质

索尔·贝娄的《赫索格》描述知识分子的生活，或者一个人的精神生活。众所周知，赫索格的内心生活几乎与星空一样深邃。社会的墨痕淡化为背景，离婚再婚，女儿父亲，也只是一种外在的线索。生活只在心中，生命也是。当一个人的内心书信写毕，如同赫索格教授一样，那么他也就变为一个"正常"人。"正常"，在"大众辞典"中意即合乎社会规范。内心的独立与挣扎，往往在"正常"的关照之下，成了病态的替身。内心世界的容量其实超出于物质世界几倍，这就是作者与我们所探讨的"真实"。它有那么多细节，那么多逻辑的和非逻辑的潜行轨迹。它自我感动，自我戕害，自我迷失，最后，自己成了自己的迷雾。然而它又以孤独之美奖赏自己。

赫索格教授一边不停地写信——与活人，与死人，与那些故去的思想家对话、探讨人生，一边交织着个人简单而麻烦的生活。什么叫嫉妒？什么叫仇恨？什么叫多重的认识标准？赫索格的犹太色彩并不浓郁，他仅仅代表全世界的内心生活，包括你的或者我的。但是有必要提醒，这种生活的危险性即由一个概念推导出另外一个概念，而忽略了生活本身的具体性。真正的自由者是那些出得去进得来的人。这不是狡猾，而是韧性；这不是暧昧，而是睿智。单纯或者纯净会导致毁灭，理想也是如此。有那么一点杂质是必要的。道路往往从缺陷开始。

草叶将记下他的姓氏

虽然已过清明，但草色仍然恍惚。偶有绿草，也非新生，而是去岁寒流骤降之时冻死的，这极像战场少年，未曾经验平庸的中年与衰颓的晚年，生命之弦便戛然而止。从此意义而言，索尔·贝娄或许是有福的，面对即将列队而来的痛苦，他将获得永生的免疫。按照叔本华的认识，这原本就是世界的本质。

回想今年[1] 2月，我重读《赫索格》，重新经历内心的折磨与良知的纠缠。我也如赫索格教授一样，边读书边写信，偶尔起身，眺望普照寺塔的灰檐。那些麻雀是否睡足，塔底的亡魂是否安宁？眼前这些字迹潦草的书信，或寥寥数语，平静地谈论舍间物候，或者细水长流，疯狂地道尽灵魂奥秘。这些信出生之后，从未走出心灵，而今它们行将就木，就让它们仍旧死在心里吧。更多的

---

1. 本文写于 2005 年。

人死于心碎，哪有比心更新鲜的墓园？

忽然下起雪来。我站在窗口冷漠地看了一些时候，偶然出现的行人兴奋地将手掌伸开，仿佛这一冬从未下过雪似的。我把头转回书中，没有觉得冷，虽然屋舍之间的暖气已经消歇，木架的油漆味道似乎也已稀薄不少。噢，又死了这么多灵魂，一个跟着一个，桑塔格、德里达……我望着书架上保罗的演讲集 *Crossing the Threshold of Hope*（《跨越希望之门》），猛然想起，他也不在了。而在我的国度，死去的人就更多了，难怪清明那日，墓园以及十字路口都散落着祭奠者萧索的背影。死是必然的，但死总该有点意义才好，哪怕是微弱的意义。

临近正午，雪开始稀疏，渐渐有雨掺和进来。雨加雪，是啊，哪有那么单纯的事情？今年是艾略特逝世四十周年，我曾写诗纪念他，其时印度洋发生史无前例的海啸，突然之间卷走了那么多人的性命。近日地震又残酷而疯狂地席卷了印度尼西亚。友人谓我，天象异常，不会出什么事吧。望着他忧虑的面容，我不置可否，因为我对气象学向无研究，即使对文学，甚至诗歌，我也相当无知。面对复杂的人生，我坚守我的方寸之地足矣。但愿死时能有点意义，哪怕是牺牲的意义。

艾略特死时，布罗茨基正在流放之中，俄罗斯的1

月仍是极其寒冷的。那里的纬度比哈尔滨高了许多，心灵与讯息封闭得近于窒息，他一周之后得知这个消息，在二十四小时之内写下挽诗："草叶将记下他的姓氏。"（王希苏译）是的，他的名字不会写在水上，而是永远活在草叶的心中。典故出自贺拉斯的《歌集》，体式则袭自奥登，而奥登那首则是为叶芝而写的挽歌。人类或文明就是这么传承的，即使作为历史中的无名者或失踪者也是如此。死本身不算什么，意外或老病都会导致死亡，可怕的是，死时什么意义都没有产生，那就是白死了。窗外，雨渐次大起来，而雪则无影无踪，仿佛从未下过，地上的雪痕也不见了。我想起自己曾写的《雪的教育》，不禁自失起来。

国王的肖像与思想的芳香

　　雅克·勒高夫的《圣路易》是一部关于一位国王的近千页的历史巨著，体例并未采用西方的传统传记形式。路易九世是死后封圣的基督教英雄，也是 13 世纪法国的国王。本书用一半篇幅生动地描述这个国王的一生，并通过文献勾勒出人们记忆中的国王肖像。它用另一半篇幅深入这个英俊国王的外部世界与内心世界，从而再现了一个真实与独一无二的理想国王的政治生活和个人生活，再现了他的矛盾、他的魅力、他的悲伤。他在位的时代，法国没有形成恐怖的宗教集权主义，也没有形成一个更应该被反对的恐怖的世俗集权主义，人们幸运地生活在进步的世俗世界和理性之光的照耀之下。当然，他组织过十字军，对埃及非基督徒进行过现代意义上的不义征战，但他还有另外一个令人吃惊的方面，那就是他继承了基督教世界对犹太人的不宽容传统之后，仍然能在行为上做到对犹太人网开一面，彻底弃掷了屠刀。对我们这些对基督教较为陌生的中国读者来说，后者或许是更值得关注的，因为作为一个统治者，"他有同情心"（伏尔泰论圣路易）。

薇依的《重负与神恩》是从未受洗的薇依的一部言论片断集，构成方法酷似帕斯卡尔的《思想录》、维特根斯坦的《文化与价值》，有人据此将薇依称作当代的帕斯卡尔。继续深究我们才发现这不是一种表面的相似，而是来源于他们二人之间共同拥有的一种神秘主义信仰。而这个信仰之音在今日异国也找到了它的"钟子期"。出版片断或许并非薇依的本意，但我们照样要感谢她这位从十几本练习簿和谈话记录中整理出如此芳香思想的友人古斯塔夫·梯蓬，如同感谢克劳德之于卡夫卡，没有哪个清醒而理性的人士肯屈从于一个绝望的个人意志而将这些微暗之火遗弃在更黑暗的黑暗之中。或者仅仅因为片断以及明确的标题，我们才如此方便地随时进入诸多重大问题的思考：我们如何去爱，如何去拯救负罪的灵魂，去摒弃……但是也正因此，它才构成了对我们即时性思维的挑战。

两本文学的历史书

或许因为读英诗较多，我对英国佬的好感也日渐由稀转浓。俗语云，爱屋及乌，这两册精美的图文书便成为我心目中两只最漂亮的英国乌鸦了。

科里·贝尔的英文版《文学》初版于 1999 年，是"速成读本"系列之一。所谓速成，大约就是极其简明之意。再一层意思便是给普通人看。当代人都要讲个人修养，这本书便提供这种必备的文学修养。书不到一百五十页，图文并茂——这个"并茂"不是客气——很多图片，以文学为业的人也未必看过。这种获得感性认识的良机殊不易得。书以时间为序，便具备文学史的特征，虽然词语不多，但描绘精细，而且屡有洞见——我觉得作者十分内行，贝尔毕竟是在牛津泡过的，据说属于大名鼎鼎的布鲁姆斯伯里"圈子"。比如谈到庞德，就说他是"铺路工"；谈到里尔克，就说他的成就来自于"颇狡诈的巡回生活方式"——这种措辞我虽然有点不满，但还是觉得比较新鲜；而谈到哈代，则说他的作品"用词造韵乖张、生硬、怪异，堪称同时代诗人之最"——乖张嘛，我倒没有体会，但生硬和怪异我却屡屡领教，看到这两个词，不由连连点头，口呼精确，尽管对哈代我是那么喜欢……虽然这次"旅行"途中英国景点居多，但我的感觉还是比较舒适的，用四个字显示，即"妙趣横生"。一个外行人看了这本书，没有理由不爱上文学。

尼尔·格兰特的英文版《文学的历史》初版于1998年，与《文学》相比则端正得多，虽然少了幽默和讽刺这样的会心会意，但却更加内行和专业，不仅术语规范，而且评述也十分精当，我觉得拿它做文学课本也不错。格兰特写过小说，还写过一本萨德侯爵的传记，其文学史修养之好，是读者尽可以放心的。在《这些诗人们》一节中，他简略而准确地勾勒出弗洛斯特、洛威尔、狄伦（或译狄兰）·托马斯、拉金、休斯、希尼的主要特征。当谈到弗罗斯特时，他说："……他（弗罗斯特）的'林田哲学'及卓有成效的工作已使他成为美国人的偶像，然而，他的心底仍藏着更深沉更阴郁的东西。"这本书也是图文并茂，有的漫画细微曼妙，如兰波被画成了油漆工，为他的字母涂抹颜色；有的配图精心素雅，如选自狄德罗《百科全书》的"便鞋"插图，几乎可以称作完美；而有的油画则动人魂魄，像介绍浪漫主义三杰的《年轻的英雄们》那一节，便配了这样一张插图——拜伦出席雪莱的葬礼：凄凉的海岸上，雪莱躺在柴堆上，天际是一条白色而笔直的粗线……

终于从植物发展为水泥

　　午夜 2 时，未能入睡，正为不相干的愚蠢的人感慨唏嘘呢，阳台之外忽传佛唱磬响，嗡鸣不已，便踱将过去。只见普照寺灯火通明，人来人往，寺墙之外也是亮如白昼。在春寒料峭的边地，这真是极为罕见的景象。我奇怪了一会儿，又看了一会儿书，便卧榻而眠。

　　做了许多梦。"我们终于从植物发展为货真价实的水泥"，这句早前写过，而今出现在梦里，可能有所暗示吧，也许不是。担忧之余，我不禁宽解自己：句意其实浅白，无非是庆幸自己从植物变成水泥而已。植物脆弱，虽然岁岁枯荣，但毕竟易折。而水泥不同，坚固死硬，如同石头，长着永恒的体态，任人摧毁不去。早年读过松本零士的《银河铁道 999》，铁郎为将身体换成不死的机器零件而旅行，给我留下深刻的印象。我在一首诗中也直接写过这个伤心而坚决的孩子。人就是这样崇高的蠢物，以一脆弱之身，奢望渺茫的永恒。那么不如变成石头变成水泥吧，满街的水泥丛林就是活生生的见证。

话到这里，似有讥讽意味。梭罗幽静的隐居生活就是对水泥丛林著名的反击，但我自思泽畔孤林过于清寒，如小石潭似的，待不了多久，便会自行离去。托尔斯泰笔下的谢尔盖神甫也是梭罗般的人物，甚至更刻苦。他隐居乡间，即使苦寒相袭，也仍是独自求真。贵妇诱惑，他断指拒绝。这份坚定，这份古井之心，谁人能及？如果以此下去，谢尔盖必定名居圣者行列。谁能料想他最后竟因一俗色而破欲，甚至因杀人而彻底遁入红尘。世事无常，那个等船的渡口或许也是一种象征吧，通往地狱还是天堂？这些，我都是看不见的，我只看见真实而神秘的人性。

早年，我不喜弗罗斯特，甚至谈不上喜欢与否，看过也就罢了，从不深想，仅仅将其当作一种修养或视野的补充。那也许是因为少年的反叛与激烈容不得任何形式的平静吧。而今中年，却越发喜欢。或许是因童年记忆的回返，或许是因自己真的日趋平静。谁知道呢？劳伦斯·汤普森写弗氏传记，说他是"披着人皮的魔鬼"，如何如何，初读甚是吓人。弗氏生前委托的传记作者如此书写，效果如何，可想而知。怎奈其人已逝，不能自辩，任人评说吧。即使活着，真正的隐者也照样静默，如同塞林格，别人爱说什么就说什么。民主的苦恼不是该不该说的问题，而是该不该听的问题——层次不同嘛。"圣代无隐者，英灵尽来归"（王维），用不同语调读来，味道也自是不同。

人生处处伤心，但也平静。旧错能改就改，而有的无从更改，便沦为教训，以防未来。这是它仅有的一点儿意义。而新错又要增添，则无可防范。从这个角度来看，我也应效仿北岛写本《失败之书》，书尽内心曲折。难道奢求理解？想想，还是算了。绝对地讲，人与人无法沟通。哈贝马斯又能奈何？换种角度，人生又何尝不是一种胜利？是的，活着就是胜利。如顺天性而为，就不止"胜利"二字，还有更多。

从清凉的哈尔滨到凄凉的俄罗斯

每回出门都在书架前徘徊。

带哪本书呢?

一本不厚又有趣的书。

早期的火车旅行,常带的书是手抄的李商隐和巴乌斯托夫斯基的《金蔷薇》;后来的飞机旅行,有一阵子常带塞利纳的小说《茫茫黑夜》,杨宪益翻译的《英国近代诗抄》,刘敬叔和阳松玠的合集《异苑·谈薮》;再后来就不那么刻意了,把正读的书带上就成了。

2012 年的这个夏天,对我来说其实并没有什么特殊的意义,与出门旅行一样,与其他季节一样,都只是日常生活的正常延续,该吃饭的时候吃饭,该看书的时候看书。

上半年的阅读主要是围着艾略特转悠,因为正在编《艾略特诗选》——译本啊,原本啊,注释啊,批评啊,有时则把翻译当作深入阅读的一种方式。

然后就是看些闲书。

说是闲书一点儿都不闲。比如洪业的《杜甫》，现在说不出子午卯酉，因为没看完，因为我的思考正在行军路上；比如新出的《巴黎评论》，访谈的形式总归让人轻松一些。

不管怎样，坐在小图书馆一样的书房中，望着周围这么多的书（其实还不够多，还应该更多），你就有了更多的选择：随便拿一本，能看几行算几行，能看几页算几页。前天浏览刚到的《世界电影》杂志，里面有电影《艺术家》的剧本。电影早看过，本想看个一页两页的了解一下就得了，结果一下子就看进去了，结果一下子就看完了。脑海里翻腾着画面和文字相互撞击的浪花，似乎连自己也生活在无声的电影里。

最近为写一篇与哈尔滨有关的随笔，查阅了四五十种书籍，虽然其中大部分以前看过，但还是有必要重新翻阅，一为核实，二为纠正自己的记忆谬误。人的记忆其实是靠不住的，我现在越来越相信"好记性不如烂笔头"的俗谚。不过记性还管些用，就像导航仪，至少可以告诉你，某某内容在某本书中，某本书在某行书架中。这当然是在顺利的时候。

查阅的书中有本《俄罗斯侨民文学史》，早就看过，这次重看还是非常俗套地看出了新意。我一直关注侨民或者流亡者中的诗人，尤其是曾经住在哈尔滨的俄侨诗人，涅斯梅洛夫、阿恰伊尔、别列列申……《俄罗斯侨民文学史》主编阿格诺索夫说："他们可以被写进任何一部俄罗斯文学史，他们的作品可以被列入任何一部20世纪俄语诗歌选集。"这么了不起的诗人，知道的人并不多。然而我还是更在意他们当年在哈尔滨的日常生活，在意他们凄凉的个人命运，在意他们的诗都是怎么书写我现在正居住其中的这座清凉的城市的。

　　看到小溪涓涓而流，你会忍不住上溯或者下行，如同我想追寻更多关于哈尔滨侨民诗人的踪迹，那么就从这本书跳到那本书吧。非常幸运的是找到李萌的《缺失的一环：在华俄国侨民文学》。哈尔滨早期的文学生活不仅复活，并且纠正了我之前形成的历史印象……新地图正在勾勒……涅斯梅洛夫的面容清晰起来，以前只能看到轮廓，而今已能看到他明亮的额头和深邃的眼睛。能不能看到他的灵魂呢？可惜看不到他更多的诗。汪剑钊翻译的《二十世纪俄罗斯流亡诗选》里有他的三首诗，《哈尔滨》中有这么四行："迟早我们都要坠落，/ 请吹散我们的暮色……/ 显然，为了不时之需，你 / 建造了这座城市。"

俄罗斯流亡文学有两个中心，巴黎和哈尔滨。原来的批评都是关注巴黎的，近几年哈尔滨的关注度有所上升，因为这里有涅斯梅洛夫、别列列申，因为有几十位风格各异的诗人。他们是白银时代的余音。帕斯捷尔纳克就肯定过涅斯梅洛夫的作品。

虽然中国人只存在于他们的背景里，但面对的灵魂、关于革命与战争的拷问却是相同的。

向左边挪挪，看新版《俄罗斯文化史》及之前看过的新版《俄罗斯史》，看看当代俄罗斯人是怎么对待自己的历史的。向右边挪挪，看荷兰人佛克马的名作《中国文学与苏联影响（1956—1960）》，还有更早的《捍卫记忆》。关联之书不仅打开你的视野，而且打开思考的闸门，你会看见更多不仅仅属于历史的洪流滚滚而来。

申佳洛夫的书引起的

上周去黑河出差，特意去了一趟瑷珲历史陈列馆。

我素来就有搜集地方志的癖好，到了瑷珲也不例外。历史陈列馆的玻璃柜台，出售几种与当地有关的图书，反复看了几本，没有太满意的。走到另外一侧，挑出一本《布拉戈维申斯克历史》（高永生译，国际文化出版社 2010 年版），是俄罗斯当代历史学家尼古拉·安东诺维奇·申佳洛夫写的。直觉告诉我，它应该有点儿意思。

布拉戈维申斯克在黑河对面，过去的中文名字叫海兰泡。

俄文名字是当年的东西伯利亚总督穆拉维约夫 1858 年 5 月 9 日（俄历）起的。我注意到《布拉戈维申斯克历史》提到它的最初名称是"布拉戈维申斯基"，而在穆氏《呈亲王殿下的报告》中，他将先前的"布拉戈维申斯克村"（可能就是"布拉戈维申斯基"）命名为"布拉戈维申斯克"。

在《穆拉维约夫－阿穆尔斯基伯爵》第一卷下册[1]的相关描述中，有时用俄历，有时用公历，使我有一阵子误以为命名的时间是在签署《瑷珲条约》之后。英国学者奎斯特德的《一八五七——一八六〇年俄国在远东的扩张》[2]中，俄历和公历用得就比较清晰。

穆拉维约夫这个人，相关资料比较多，《穆拉维约夫－阿穆尔斯基伯爵》里面写到他曾经因为与十二月党人保持密切联系而被举报的事情。最新的第七版《俄罗斯史》提到他的时候则用了两个限制词："精力旺盛并且野心勃勃"。

《布拉戈维申斯克历史》里的《瑷珲条约》全文，是译者高永生根据俄文原文重新翻译的，与《筹办夷务始末（咸丰朝）三》里的中文记录并不相同，但是大体意思差不太多，比如他把奕山的职务翻译成阿穆尔总司令，实际职务则是黑龙江将军，二者只不过是政治文化色彩差异而已。

中俄双方的条约文本里都有允许居住在黑龙江左岸的中国人继续居住在那里的明确文字。俄国人还明确承认，虽然整个左岸已经划归俄国，但是其中中国人的居

---

1. 巴尔苏科夫编著，黑龙江大学外语系、黑龙江省哲学社会科学研究所译，商务印书馆 1973 年版。
2. 陈霞飞译，商务印书馆 1979 年版。

住地仍由当时的中国政府管辖。中国历史则把这片居住地统称为"江东六十四屯"。

谈判过程双方都有详细记载，但是存在不少差异。奕山奏折显示，谈判第一天（1858 年 5 月 22 日），奕山重申当时中国政府的态度："议定遵行，从无更改。"强调《尼布楚条约》的合理分界，其他文字多为阐释通商问题。俄方记录显示："必须依阿穆尔河划定两国边界，办结此事于两国都有好处。"穆氏强调中英的交战中，英国对阿穆尔河口的野心。如果把它划给俄国，俄国就可帮中国一起抵御英国。第三方的奎斯特德的研究则说，当天"奕山在吉拉明阿宅邸设宴招待他（穆氏）"，双方"欢乐，有礼貌地交谈"，"当天并未谈到实质性问题"。

对穆氏，奕山奏折描述他"争执狡诈"；对谈判中的中国官员，《俄罗斯档案》记载：当时的中国人"施展了种种狡猾手段，实难用笔墨来形容"。

《瑷珲条约》的宗旨是"欲期两国永远相好，各属之人彼此有益，及防范外国……""永远相好"是社交用语；"外国"是指当时的英国；"彼此有益"，中文版《俄罗斯史》说这个条约和《北京条约》对俄国"极其有利"。

虽然瑷珲历史陈列馆反复播放着列宁谴责俄国侵略行径的名言，但是当时俄国历史研究的主流却不这样认为。他们不仅不认为《瑷珲条约》是不平等条约，而且认为保留居住在黑龙江左岸的中国人的司法权，"对俄国来说是不平等的"。俄国在外交大臣哥尔查科夫的建议下，甚至在公布条约文本时，还把当初劝诱中国人签署条约的主要理由"防御外国人"也给删除了，因为他们怕"在英国引起更大的愤懑"（见纳罗奇尼茨基等，《远东国际关系史》第一册"从 16 世纪末至 1917 年"）。

对 1900 年海兰泡惨案，《布拉戈维申斯克历史》是这样记载的：虽然《瑷珲条约》规定俄人不得侵害住在黑龙江左岸的中国人，但是"阿穆尔行政中心没马上采取必要措施预防大屠杀"，"大批实施大屠杀的人……强迫他们泅渡到阿穆尔河对岸去。很多人不会游泳，那些打杂的水性不好，不少中国人淹没在浑浊的阿穆尔河水中"。

太痛苦了，许多话不引也罢。高永生写的《〈布拉戈维申斯克历史〉导读》值得思考。他说："历史就是历史，得敢于面对，得敢于争论，最大也就是学术上的问题……"翻看版权页，才发现这本历史译作的印数只有 200 册。如果我没来瑷珲，读到它的概率就是零。

把斯坦因称作强盗

斯坦因被称作强盗,其实一点儿都不冤。不少书里,包括他自己的书《斯坦因西域考古记》里,都记载着一些事实。比如说,他初临敦煌,不仅知道发现秘藏品的消息已传至省府,而且也知道兰州方面有明确命令:所有物品必须放在原地。但他仍然一意孤行。

斯坦因并不认为自己是强盗,也没有丝毫罪恶感——其书信即可证实——而且看上去理由挺充分,"当时的考古学界"也认可了他的理由。我估计,这个"考古学界"不包括当时的中国。我暂且善意地理解,斯坦因们大约认为中国不存在现代考古学。从学术史来说似乎也对,中国现代考古学的建立是 20 世纪 20 年代的事情。

单纯谴责斯坦因没有任何意义。斯坦因不是一般意义上的强盗。他带回英国的东西悉归大英博物馆,没有一件流入私人手中或遭损坏。这和其余物品在中国的待遇的确不同: 有些物品遭到人为损坏, 有些物品则流入"见猎心喜"的官绅鉴赏家或官绅知识分子手中。这些损坏行为和私有行为都是必须受到谴责的。这些行为, 与其说是斯坦因否定自己是强盗的理由, 毋宁说是他理直气壮的借口。斯坦因以及当时的中国政府, 都是必须受到谴责的, 而斯坦因似乎更该得到这份道德惩戒, 倘若受到法律制裁也是他罪有应得。但就结果而论, 当时中国政府更该受到谴责, 因为不管怎么说, 斯坦因保存了重要文献。这就是至今斯坦因声望不倒的原因之一。

斯坦因公案纷纷扬扬这么多年, 每个对此有所关注的人心里都是清楚的——他的行为并不光彩, 但是结果却让人觉得庆幸。但不光彩就是不光彩, 这就是事实。

让我感兴趣的是斯坦因的汉文秘书蒋孝琬。斯坦因在信中称其为蒋, 认为他是一个忠诚的助手、绅士、真正的挚友。斯坦因目睹一位青年僧侣出示的珍贵手稿, 就想博其好感, 准备送礼。"蒋以他尘世的智慧建议不能急躁, 太重的礼物会引起对方对你下一步动机的思考。"蒋不愧是中国人, 对中国人的警惕心理非常熟悉。看到青年僧侣收到价值三卢比的马蹄银就面有得色, 斯坦因倍觉蒋之"牛皮"。

斯坦因准备实施他的计划, 他从蒋身上得到鼓励:

"从他的态度中可以发现一种东西，其中混杂着对宗教的尊重和对它那些无知体现者的鄙视。"这种鄙视终于变成实际的推波助澜。对道士王圆箓，蒋及时向斯坦因提供鉴定："王完全不懂得全部汉学知识的体系，而且一般说来知识有限"。这对斯坦因极为有利。我不知道该如何评价蒋的"忠诚"或者说"恪于职守"。或许他什么错都没有，但是我的感情却受到了极大的损伤。蒋孝琬师爷甚至单独去向王道士"借"手稿样本，交给斯坦因之后，详细通报观察到的密室细节。最后也是由蒋出面和王道士谈判，关于价格以及其他交易条件。最后二十四箱六朝至宋的万余经卷、写本以及五百余件佛像绣品绢画，变成远隔千山万水的英国之物。

花了多少钱呢？斯坦因事后在给艾伦的信中洋洋得意地说："所有'千佛'洞里的取出的物品只花去政府130英镑。仅梵文棕榈叶手稿和一些其他'古董'就值这个数目。"斯坦因似乎不是强盗，仅是一个高明的买家，而卖主不过是一个"知识有限"的"棒槌"而已。这买卖何其划算？而我心又是多么冷呢？尽管斯坦因比给壁画剥皮的华尔纳文明多了。

历史就是历史，效果就是效果。有一说一，有二说二，这不是斯坦因的复杂性，仅仅是事实与感情的冲突而已。

冬天适合读诗，夏天适合读史，而现在我们偏偏反过来。

可能任何人都清楚，史书莽林之中的通史其实并不是冬天里的炉火。它与常识一样，都在试图为我们这些渴求知识的普通读者描述一些基本事实，而且我们也清楚，事实之难得超乎某些推特（Twitter）宅男想象中的天方夜谭。而与常识不同的是，通史往往以线性时间为轴，而且更加注重事实的全面性与权威性这样两种看起来并不容易达到的苛刻要求。菲利普·E. 毕肖普的《人文艺术通史》（第七版）只是各种通史之一部，它的特色正如它的名称所言是关于人文艺术的——艺术之外尚存人文，与其他常见之艺术通史的视野和角度甚至本性已经截然不同——而它的主标题则是《人文精神的伟大冒险》，这其实不仅意味着部分事实的被压缩、选择和组合，也暗含着关乎取舍标准和价值评估的测量仪器是怎样运转的。这可能足以解释为什么对青铜时代的中国是如此描述的，而其他并不在考虑之中。

孔子伦理通过实际接触社会寻求真理，而道教伦理则通过与自然的接触寻求真理。这两种对立的世界观——入世与出世，从此就成了中国艺术和文学之根的两股永恒冲动。

——《人文艺术通史·02古代世界·古代亚洲》

中国读者在如此论述的前后左右进行讨论或者延伸，可能都是通史作者内心所盼望的必要反应。这与"大音希声"的庄周哲学不同。而且我们也都知道，学术的东西从来都不能毕其功于一书，这也就是通史在不断增订或者其他通史在不断书写与诞生的基本原因，这些既关联于作者的历史观，也关联于作者的价值观。比如，哪些作品（《荒原》）或者人物（马丁·路德）或者事件（世界大战和大屠杀）能够适用于"人文精神"，适用于"伟大冒险"？或者直白地说我们更应该思考，它们进入这样的通史之中究竟是因为什么。当然，我们为某部作品

（《追忆逝水年华》）或者某个人物（杜甫）鸣不平其实并不构成严重的批评，并不需要民族性或者其他有歧视意味的概念帮忙，因为通史以及它的后面往往都是庞然大物，甚至包括书写历史和人文传统这样的巨型食蚁兽。撼动它们其实是极其艰难的，这些确实容易伤害个人感情或者其他内容，但是我们也都心知肚明——它们的存在感始终不会减弱，而且已经惹起以新的创造对峙，并且对它们进行修改的决心——至少会让作者在为新的版次进行修改的过程中动摇往昔固见。

由是观之，我们注重的可能仅仅是其中的有机成分，但是同时也深感于通史教育的力量与恐惧。读这样的书成长起来的人自然会受到它的影响，而后来接受的营养就会因为吸收缓慢而减弱效用。我们实在没有办法回避误入歧途的悲凉，同时也明白阅读最初之惊喜和后续之复杂往往都是伴生的，何况具体词句的精心描述所带来的交互作用——读者可以自行比较不同通史对于同一事实或者人物的描述，或许更能显示彼此水平之差异。而一旦我们将这部通史置入另外一些顶着"通史"之名的皮毛之书的行列，从而不得不面对更加复杂的精神状况之时，又会觉得各种反应其实都是微不足道的。或许我们更换一种方式就可以压制内心的其他情绪——这部通史仍旧只是草稿，它已经非常努力地描述了更多范畴：绘画、雕塑、建筑、音乐、戏剧、哲学、宗教、政治、战争、诗歌、小说、科学、电影……有意思的是，在《后记》中，它将主要篇幅给予爱德华·托马斯写于1914年的一首诗。因为这首诗的存在，更因为这篇后记短而动人的描述，这些足以淹没相关的牢骚与不安。而在其他关于诗歌的篇章之外仍旧存在着诗歌伟大而神秘的阴影——

> 优秀的人们信心尽失，而坏人
> 却充满了炽烈的激情。
> ——《人文艺术通史·14现代主义·一
> 个动荡的世纪》

这是叶芝的名作《第二次降临》，今天重读，五味杂陈，而作为一个诗人，我又不禁为之暗喜。暗喜的是什么？是真正的艺术在任何一个时代从不缺席，还是它即将面临新的危机与挑战？在这部通史之中，更多的艺术描述仍旧是传统意义上的，比如绘画、雕塑与建筑。这种通史的叙述一般都会重视彼此之间的有机联系，而且时刻不忘给虚空中的学生出些有意思的思考题或者练习题，比如在介绍1800年官方沙龙的一幅画《黑人妇女肖像》

的时候，它在正文里提及"人们认为贝诺亚的肖像画是影射法国大革命在授予妇女权利方面的失败"，在作品说明文里则强调可以将这幅画"比较德拉克洛瓦的《自由引导人民》"。这种比较方式对于历史与思考的双重建设都是具有效验的。真知灼见往往会藏在这种方式之中，并不总是显示于直言——对于后启蒙时代的读者来说，这种方式往往更容易接受。

在去除校对或者翻译方面的诸多事务之后，我们可能更愿意看到直言不讳，比如最后一章即第十五章《当代精神》是我最先阅读的部分，其中的相关陈述和思考可能更加切中眼睫毛控制的年代场景。人们可能都会像作者一样思考：为什么法西斯极权主义已被击败而"可怕的问题依然存在"？全球意识框架之中的艺术何为？通史之中描述的方法是，"新的声音要求修改经典"，这可能显示着某种新的变化或者新的内在要求正在发生作用。

　　随着以前被推向边缘的文化和艺术家被认可，新的争议也引入到关于艺术的历史价值的争论之中，真正的全球艺术（讨论世界整体问题的艺术）的一个新时代已经到来。

　　我们发现，某个事实可能是更为清晰的，即当代艺术工作的复杂性，完全达到你中有我我中有你的沼泽地景况，或者说各种要求全都共时于复杂而迷惑丛生的集合之中。用"后现代"一词仅仅是作为一种阐释角度，而真正的问题几乎都是同时的，既有常识之普及，也有尖端之掘进。仅在一个时间单元或者一部作品——可能只是一部短小的作品之中存在，而在更为广大的时空之中各种元素几乎都是共存的。由此看来，强调没有丝毫重复性的个性，已经成为更为普通的艺术追求。通史为艺术家或者知识分子提供的经验或许就是在这种意义上的——重新选择和开机的机会，重新思考艺术出路的机会，从历代努力之中总结出来的教训与机会——从理解过去的各种意图之中重新发现一个截然不同的当代。

诗歌江湖的如来神掌

读着读着，你就想对这本书说，对呀，是这么回事，或者说，哦，原来是这样的。有时候，你想和它讨论，甚至和它辩论：是不是这么理解更恰当一些？这么说是不是有什么问题？有的时候，你会浮想联翩，远远地离开书上的话题，进入一种回忆式的遐想之中，甚至想起自己的写作，而且越想越远，直到在不知不觉中，手已经开始翻页，你这才发现有好几大段你根本就不知道是什么意思，然后你重新翻到前面继续看。

这本书叫《读诗的艺术》，早在它成书之前，我就读过其中的大部分文章，而且有的已经读过不止一遍。这次拿到书，读着读着发现，这还是一本新书，而我自己的大脑也还是一个新的矿藏——原来我心中还有这么多未竟的东西呀。正是这本新书，让我更进一步地发现了自己。比如，我突然意识到，海子身后才被承认的问题有答案了。有人说这是历史问题，有人说这是教育问题，有人说这是著名的"死后荣誉"的问题，而我的答案是，以前大家不认识海子，是因为好多人根本就没看过他的东西，你让他们怎么承认海子？还有一个就是，认识他的人，好多根本就没有"识人"之能，你就是把真正的令狐冲领到他的面前，他也只是认为：这是哪里来的酒鬼和失恋的傻瓜呢？

按照我大胆的猜测，书里的译文是经过精心组织的，主干就是大名鼎鼎的哈罗德·布鲁姆的同名文章《读诗的艺术》。这是一篇他给《最佳英语诗歌：上迄乔叟，下经弗罗斯特》写的专文。一般编诗选，都是从谁到谁。比如这本诗选，应该是"上迄乔叟，下到哈特·克兰"，何况布鲁姆对哈特·克兰绝对是欣赏备至呢。他说克兰是"一位有难度的大诗人，但是他非常优秀，甚至伟大"。文章的第七部分还专门谈了他的组诗《航行》。译者王敖是布鲁姆的学生，深知《航行》的重要性，就译了全诗放在文章的后面，还特意标明这是"参考译文"。说是参考，并不只是谦虚的意思，还有一层意思就是，只有读这首诗，才能真正理解布鲁姆的言论。王敖曾把《哈特·克兰诗全集》电邮给我，我觉得他对哈特·克兰也是推崇有加的。而在这本影响颇大的诗选中，布鲁姆偏偏把中间的弗罗斯特加了进来，仔细想想，还真是挺有意思的。

布鲁姆文章的第四部分提到霍斯曼的诗——《一支雇佣军的墓志铭》，主要讲讽喻意味的用典是怎么回事。霍氏的诗句，不仅有对西蒙尼德斯的仿效，还有对莎士比亚的回应。文章还提到理查德·威尔伯对这首诗的解读，不过布鲁姆的意见是有所保留的。为了读者更能深入了解威尔伯的看法，这本书收录了他的长文，《围绕霍斯曼的一首诗》。这篇文章的含金量不比布鲁姆的那篇低。我就是在读这篇文章的时候走神的次数最多，大约与威尔伯是写诗的有关，他对写作心理的揣摩可能更让人觉得亲切。而布鲁姆也不错，比如对九个声音的分析就让人大开眼界。我还体会到，在戴上角色的面具之后，即便你使劲模拟角色的声音，你本人的声音还是会从中泄露出来的。这就非常接近戏剧演员念台词的情形：两个声音互相交织着，你中有我，我中有你，你怎么知道哪一句的声音是你自己的，哪一句的声音又是角色本身的呢？将这一情形置换到诗歌的解读之中，是不是可以算作一种对风格或者作者烙印的解释呢？如果你有意在诗歌的书写中用那么一两下，又会收到什么样的效果呢？

布鲁姆还指出艾略特师承的真相，这让我兴趣盎然。

我说过大三之后我就成了真正的艾略特派，所以从那个时候开始，对艾略特说过的话，我就大多奉为圭臬。那时候，《艾略特文学论文集》十五篇、《艾略特诗学文集》二十三篇，都是我的"武功秘籍"，凡是谁向我询问看什么诗歌方面的书，我都会郑重地推荐这两本，尽管它们之间有不少重复的文章。现在看来，如果说它们俩是诗歌江湖的"辟邪剑法"和"葵花宝典"，那么这本《读诗的艺术》就可以称之为"如来神掌"了——临时插这么一嘴，接着说艾略特——所以艾略特说什么我信什么，他的《传统与个人才能》简直就是我的私人圣经。关于自己的师承，老艾明确地表示过，是但丁、波德莱尔、拉福格和庞德。而布鲁姆却说，你别听艾略特忽悠，根本不是那么回事，"他真正的父亲是惠特曼"，还补充了一句，他的诗里还"混入了很强的丁尼生的调子"。乖乖，是这么回事呀，害得我又要去找丁尼生的诗读了。

老惠特曼在我的阅读谱系之中的地位是这几年才上升的，一如弗罗斯特，不过目前弗罗斯特又有下降的趋势了。这倒不是说我见异思迁，而是我的认识处在不断深化的过程之中。布鲁姆说，惠特曼是狄金森之外"所有美国诗人中最杰出的"，这是比较级的最高级了，从这么严谨的嘴里说出来当然非同小可，不过看了后面紧跟着的理由，我又有些释然，"这是因为他在和声上的平衡力"。平衡力对我来说，是非常非常重要的高级能力，当然我还不够，还得玩儿命练习。这本书里也专门收录了一篇吉尔·德勒兹的文章《惠特曼》，呼应着布鲁姆的批评。文章不长，你一口气就能读完。而且德勒兹的角度也刁。一般说起惠特曼都会强调他的美国特征，就如同说起拉金都会谈到他的"英国性"一样，表面显示民族风格，而骨子里还是有一点殖民时代的痕迹的。批评大佬德勒兹就不一样了，大谈特谈惠特曼的碎片与关联，不知道别的读者怎么看，反正这个角度让我略略吃惊，而且非常感兴趣。

　　这本书里还收录了德勒兹的另外一篇短文，《刘易斯·卡罗尔》。知道卡罗尔的人其实并不少，前些日子还公演了根据《爱丽丝漫游奇境》改编的 3D 电影。里面那个穿着马甲，拿着钟表奔跑的兔子也肯定给不少人留下了深刻的印象。那么，他和诗又有什么关系？当然有大大的关系，至少给了读者一些极其重要的启示。德勒兹说："卡罗尔的独特在于他不允许一切东西穿过意义，他在无意义的胡话中游戏一切，因为无意义的胡话拥有的多样性足够记录整个宇宙及其恐怖与光荣：深度，表面，卷轴或者卷起的表面。"这里的关键词是"胡话"，原文是 nonsense，意思是胡说，废话，胡闹，愚蠢的举动、计划与建议，没有价值的或者不重要的东西……读者暂且这么联想着，不过我觉得卡罗尔这种特殊的"胡话"倒是似乎与卡尔维诺说过的"轻逸"有那么一点儿关系，至于是怎么样的一个关系，我还没想利索，这里先留一个小尾巴，等以后再仔细地梳理它。

说起艾略特，书里收录了伊格尔顿的文章《托·斯·艾略特》，老伊把艾略特的研究引向了一个更为宽广的领域。这对当代中国诗人的启示是非常直接的。书的最后是奥登的《希腊人和我们》，也有这么一层意思，就是说，诗歌的事儿比许多人想象中的要开阔得多，要大得多，不是分个行，或者抒抒情，隐秘地记录个时事那么简单。它和当代有直接的关系，与整个文明也有直接的关系。联系到我们自己，先不说"希腊人"和"我们"——有人说希腊人和我们有什么关系，八竿子打不着。这种糊涂话说的人还少么？

这本诗论暗含的谱系都对我的胃口，希尼和文德勒分别谈了约翰·克莱尔，奥登又和文德勒分别谈了一把阿什伯利，而让我眼前一亮的当然是沃尔科特的《写平凡的大师：菲利普·拉金》。拉金算得上英诗写作的楷模，但是作为同行，他可瞒不过沃尔科特老奸巨猾的目光。老沃说："他诗里的花招，有的是用来调节诗句的，有的则是故意用来夸饰的。"我作为一个写诗的人，除了想在这本书里寻找某种认同，想得更多的是，怎么学到具体的一招半式。而这个，一些读者可能并无兴趣。我忽然就想，如果这本书能够进入我们的教育系统，那么我们的诗歌阅读是不是就会发生极大的变化呢？由此推之，那么对于研究者呢？对于写诗的人呢？你尽管想象去好了，我可不敢瞎说，我只能说说自己的认识。这就是为什么我更愿意反复阅读库切文章的一个原因了。库切的文章叫《布罗茨基的随笔》。库切的文章相对而言比较好读，没有那么多的更为细腻的技术关节，而是直截了当地谈自己的了解与自己的想法。这就亲切多了。比如库切说到布罗茨基诗中那些"非俄罗斯式的反讽"，就让我感到舒服。当代的好多批评家更爱强调一个诗人的本地属性，把这个看作一个非有不可的点。这话我只信一半，真的不能全信，因为有的东西是全人类的，不单是俄罗斯人的，也不单是美国人的或者阿富汗人的。比如说恐惧，比如说对于权力高度集中的心理阴影。齐别根纽·赫伯特在《阿特拉斯》中，对这个神话人物的言说就表示了一种对人的关怀，其中还涉及承担责任的问题。我年轻的时候不知道阿特拉斯是谁，但却写过"天空不能没有支柱"这样的句子，这让我读《阿特拉斯》的时候有点儿得意洋洋。把话反过来说，赫伯特谈到的这个典故，其实不就是《一支雇佣军的墓志铭》中的两句么——

> 他们的肩膀，托起了天幕，
>
> 他们站立，大地的根基留住。

这些纠缠而又互相映射的诠释不就是惠特曼的关联的某一体现么？

布鲁姆在全文最后提及"最伟大的诗歌"的时候，还说到，"达到这一点依靠的是我借鉴别人而称之为'殊异'的东西"。"殊异"这个词是致命的，原文是strangeness，意思是陌生，生疏，奇怪，古怪，冷淡，疏远，局促不安，奇异性。而在布鲁姆以及他"借鉴的别人"欧文·巴菲尔德那里，却把"殊异"作为一种诗歌标准。布鲁姆不仅认可欧文的阐释，还格外强调了其中的一个关键词："意识"。

这本书充满魅力，不仅让你读了激情四溢，而且让你觉得写诗多么光荣，读诗多么快乐。当然它还需要你付出一点点小小的准备与一点点小小的劳作，否则这么厉害的武功秘籍咋能那么容易就学到手呢？当然，我也承认，在阅读过程之中，我并非所向披靡，时不时就会从奥秘的城堡之上摔下来，并在修辞的泥泞之中来个嘴啃泥。比如初读肯尼斯·勃克的文章《济慈一首诗中的象征行动》的时候，我就完全不得要领，这就逼得我重新再爬一次。再爬的效果如何，我当时不敢猜测，大不了像初读《剑桥美国文学史·第八卷》一样，先被这种对我来说非常新鲜的论述方式打懵，继而变得开阔起来呗，从而丰富自己的分析结构，再把自己的境界提升到更高的一层。这其实就是"困难"在阅读之中存在的真正意义了。

匆忙之书

　　《香港电影史记》实际上不是失望之书，而是匆忙之书。匆忙就是急急忙忙地赶时间的意思，与粗制滥造的语义并不相同。还有就是这本书的作者不是一个人而是几个人。几个人的想法同时出现在一本书中并不是什么特别的事情，无需深究。我想说的事情还有：这本书的成书方式属于编著。编著的意思就是对既有材料进行重新整理，同时把自己发现的材料和想法写下来。如果编者能够在书后注明参考资料或者与此相关的资料来源，可能会增强它的严谨性，但是这点明显不是被追求的目标。所以这本书肯定是有再次修订的机会的，争取把不准确的内容订正过来，同时也会对相应的思考进行调整（根本不是深刻与否的问题）。它存在的意义或许只是给读者提供一个印象。这个印象是初级的或者说只是为了满足一定的好奇心。

这是一本有限度的书，而且这个限度的时间性比较明显。单独挑选这本书可能不够公平，因为存在大量的匆忙之书。如果时间富裕或许就能有所改善。如果把烂书考虑进来就会更加不公。所以做书的人或者写书的人可能只是需要问问自己：我出版这本书究竟是为了什么？

一 世间哪有不朽事 一

国王的全班人马

　　曹操姓曹，没错。他爸爸曹嵩本来不姓曹，是当了曹腾的养子才姓曹的。

　　曹腾是宦官，当的最大的官儿是中常侍、大长秋。中常侍是宦官中品级最高的。西汉的时候，这个官儿不是宦官当的，是皇帝顾问的编外头衔。东汉的时候，这个官儿就只由宦官担任了。大长秋是个什么官儿呢？东汉的时候，皇后住在长秋宫里，直属皇后的最大的官儿就是大长秋，可以这么说，大长秋就是皇后的总管。

　　《曹瞒传》说曹嵩本姓夏侯，是夏侯惇的叔叔，但是《三国志》并未采取这个说法，而说"莫能审其生出本末"，根本就不知道曹嵩的来历。由此可见，陈寿的态度是否定的。说来奇怪，陈寿又把夏侯氏的名将和曹氏的名将合为一卷——"诸夏侯曹传"。由是观之，夏侯氏和曹氏之间分明有着别姓没有的渊源，这就不免让人狐疑了。不过，对于后代读者来说，最好的办法就是维持原状，不必添枝加叶，更不必一厢情愿。

《续汉书》说，曹嵩做过司隶校尉、大司农、大鸿胪，后来还做了三公之中的太尉。但有人揭他的老底儿，说他这个太尉是花一亿钱买来的。当时的官职既然公开买卖，想必也就合情合法，这与皇帝任命、举孝廉也没什么太大的区别。只不过，古代中国轻货殖而重清议，所以这个说起来不太好听。曹操大约就是看透了这些，才超越了那个时代的。

曹操起兵的时候，追随他的夏侯氏名将有夏侯惇、夏侯渊。

夏侯惇跟着曹操打吕布，被箭伤到了左眼。从此，"独眼龙"就成了夏侯惇的招牌形象。《魏略》说，军中将士给夏侯惇起了一个绰号，叫"盲夏侯"。夏侯惇非常厌恶这个，每次照镜子就发飙，常把镜子扒拉到地上。

伤眼之前，夏侯惇守濮阳，听说曹操家室有危险，就率一小股人马去救，半道上与吕布打了一个遭遇战。夏侯惇赢了，但是吕布回头就占了濮阳，还把夏侯惇的军需物资一股脑儿地没收了。吕布还是颇有谋略的，在这种优势的情况下，又派出将领诈降，成功地挟持了夏侯惇。惇的部将韩浩来了，大骂了劫持者一顿，然后对惇哭诉说："你让我拿国法怎么办呢？"意思是，我若答应劫持者的条件，就是犯了国法；如果不答应，你的性命就没了。我两头为难啊。最后，韩浩下令，不顾惇之死活，攻击劫持者，最终把他们都杀了。幸运的是夏侯惇没什么事，曹操事后还夸韩浩维持了不受人质胁迫的古法。如果夏侯惇没了命，不知道韩浩是否还能保住自己的脑袋。这些都是无从猜测的。

夏侯渊是夏侯惇的族弟。曹操年轻的时候犯法，是夏侯渊代他领罪的，由此不仅能看出他们的关系不一般，也能看出夏侯渊是一个肯担当的人。《魏略》说，兖州和豫州大乱的时候，闹了饥荒，夏侯渊把自己的小儿子抛弃了，而把粮食留给了死去弟弟的孤女。

夏侯渊虽然胜率极高，但是将军难免阵前亡，最后在阳平关之战中死在了刘备手里。如果换一种做法，夏侯渊也许死不了，但是他偏偏把主力分给张郃，自己只留了一小股人马。当张郃失利的时候，他又把自己的兵分给张郃一半。在刘备的偷袭之中，缺兵少将的夏侯渊焉能不败？夏侯渊平生极少败绩，一败就把命搭上了。

夏侯渊的妻子是曹操老婆的妹妹。男人同娶姐妹，民间称之为"连桥"，或者"一担挑"。孙策和周瑜同娶乔氏姐妹，也属于这种关系。夏侯渊的大儿子夏侯衡娶了曹操的侄女，夏侯惇的儿子夏侯楙娶了曹操的女儿清河公主，都是实在亲戚，打断骨头连着筋，夏侯氏能不为曹氏卖命？政治势力不少是靠婚姻巩固和羁绊的。曹操和孙权之间也玩这一套，曹操把侄女嫁给孙权的弟弟，孙权则把侄女嫁给曹操的儿子，虽然辈分有点儿乱，但是你中有我，我中有你，兴许还能潜个伏、卧个底，送个情报什么的。再说诸葛亮，三国之中少见的天纵英才，他身上同样拥有这样的婚姻资源。他的丈母娘和刘表的后妻都是蔡瑁的姐姐，否则他又如何在荆州的隆中"苟全性命于乱世"呢？

夏侯渊的二儿子夏侯霸和曹爽关系不错。曹爽后来被司马懿砍了脑袋，夏侯霸怕株连，跑进了深山峡谷。粮食吃没了，马也杀了吃肉了，脚也走烂了，夏侯霸趴在石头边儿喘气，不知何去何从。蜀汉集团知道了，这可是个大人物啊，就把夏侯霸迎到了成都。

夏侯霸根本不想投奔蜀汉集团。《魏略》说，因为杀父之仇，夏侯霸一提蜀国就咬后槽牙，这样的仇家，他怎么会投靠呢？

夏侯霸有一个堂妹，十三四岁的时候，到外边砍柴，碰到了张飞。张飞一问，小姑娘是正经人家的闺女，就把她给娶了。这里有点疑问，按夏侯霸的家世，他的堂妹需要砍柴么？张飞又是怎么跑到夏侯霸故乡的呢？不过，处在那样一个时代，什么事不可能？《魏略》说，夏侯渊被杀后，张飞的老婆，即夏侯霸的堂妹、夏侯渊的侄女，向刘备请求，这才把夏侯渊的尸首安葬了。夏侯霸堂妹与张飞所生的大女儿，后来嫁给刘禅，被立为皇后。张飞的大女儿死了之后，张飞的二女儿也嫁给了刘禅，后来也被立为皇后。蜀汉覆灭后，她跟着刘禅到洛阳一起"乐不思蜀"去了。

刘禅见到夏侯霸，就对他解释杀父之仇：你爸不是我爸杀的，他是在行军的时候被别人杀害的。刘禅又指着自己的儿子对夏侯霸说，这是夏侯家的外甥啊。谁说刘禅傻？玩起辞令也是一套一套的。不过，这要看和谁比了。袁绍厉害吧，一遇见曹操就变成了蠢货。听完刘禅掏心窝子的话，夏侯霸的心里肯定舒服了不少。不知他想没想过，也许跑到蜀国根本就是多余的。《三国志》说，他是听了曹爽被杀的消息，"自疑"跑掉的。这样，他留在魏国的孩子就成了名副其实的"叛国者的狗崽子"了。不过，看在夏侯渊的面子上，司马懿把他们全都流放到乐浪郡去了。乐浪郡大约就是现在朝鲜半岛汉江以北长白山以南地区。

夏侯渊还有三个儿子，分别是夏侯威、夏侯惠、夏侯和。可是《世说新语》却说，夏侯渊还有两个儿子，其中老三叫夏侯称，十六岁的时候，一箭射倒过老虎，而且能言善辩，可惜十八岁的时候死了；老五夏侯荣是个神童，博闻强记，十三岁的时候，在汉中战役中，左右拽着他撤退，他不肯，说："主公和亲友遭难了，我怎么能逃跑呢？"挥剑投入战阵，最后也翘了光荣的辫子。

名将夏侯尚是夏侯渊的侄子，他的老婆是曹氏子女，大约是曹真的妹妹。但是夏侯尚真正喜欢的不是她，而是一个小妾。曹丕知道了，就派人把小妾勒死了。夏侯尚悲痛欲绝，还生了一场大病。曹丕听了这个状况非常生气。这个曹丕，好歹是一国之主，管这闲事作甚？莫非君主之家，家事就是国事？

曹氏诸将中，曹仁、曹洪是曹操的堂弟，两人也是堂兄弟。曹仁的亲弟弟曹纯，是一员有勇有谋的悍将，袁绍的儿子袁谭就是被他的部下杀掉的。他曾把刘备追到长坂坡，还缴获过刘备的"二女辎重"。曹洪则以忠义著称。曹操被董卓部将徐荣追得丢了马，性命危急之际，是曹洪把自己的马让给他，他才跑掉的。曹洪有钱，但却非常吝啬，曹丕借钱他也不给。曹丕怀恨在心，当了皇帝之后，随便找了一个事由就将曹洪下狱，准备处死。幸亏卞太后和郭皇后帮忙，曹洪才落得个免官削爵的处分，保住了一条命。

曹休、曹真是曹操的同族子弟，辈分比曹操矮了一辈，血缘关系也远了一些。古代中国相信血缘多过相信真理，这种影响一直弥漫于社会政治制度之中，大到皇子夺嫡，小到分家分地，以至后世，尚有"老子英雄儿好汉老子狗熊儿混蛋"之类的说法，以致有了遇罗克惊天动地的反对血统论的《出身论》。

在三国时代，曹操的人才政策算得上不拘一格，但是他的权力基础仍旧是曹氏与夏侯氏这些子弟兵。这种"血缘人事"的理念一直影响着不少家族政权和家族企业——老子打的天下怎么能让外人坐呢？

曹休、曹真都是早年丧父。十多岁的曹休带着老母亲辗转北归，曹操见到他就自豪地对左右说："这是我们老曹家的千里马！"《魏略》说曹真本姓秦，是曹操收养的，但是《魏书》和《三国志》都说他的爸爸曹邵是跟着曹操起兵而被杀的，所以曹操把他还有曹休看成自己的儿子，让他们和曹丕同吃同住。曹休打过不少胜仗，后来得病死了。而曹真几乎是一个完美的人：打仗，不仅赢过孙权，还赢过诸葛亮；做人，他把自己的食邑分给死去战友的孩子；出征，军费不够，他就把家里的钱财分给将士。曹丕收拾曹洪的时候，曹真正好在旁，就说：

"你今天杀曹洪，我在这里，曹洪会认为是我陷害他。"面对处心积虑睚眦必报的曹丕，曹真只能用这种方式表达自己的意见，这也算是一种政治智慧吧。就是这么一个人，生了一个"德薄位尊，沉溺盈溢"的儿子曹爽。

曹爽先辅曹叡，后佐曹芳，渐渐成为董卓、曹操式"剑履上殿，入朝不趋"的权臣。但是历史没有给曹爽任何机会，因为他的政治对手是连诸葛亮都忌三分的司马懿。一开始曹爽对司马懿还算尊敬，随着野心膨胀，他就不再把司马懿放在眼里。司马懿多奸呀，假装有病，暗中却在仔细布置。等曹爽胡来得差不多了，老司马一抄渔网，小曹爽就被夷了三族。《魏氏春秋》说，曹爽不听桓范的劝告，不仅不出兵攻打司马懿，还洋洋得意地说：我即使不当官儿了，还能当个大富豪呢。气得桓范哭着骂："曹真是多么杰出的一个人，却生了你们兄弟这么一对小鳖犊子玩意儿！"曹爽的弟弟曹羲，和他哥哥一样，也是一个孬种。后来，还是司马家念在曹真的勋业上，找来曹真的一个族孙，承继了曹真的谱牒，完美的曹真才算是名义上没绝种吧。

名将的本来面目

三国之战打得热闹非凡，已经成为中国社会经久不衰的话题，名将们更是谈论的焦点。为了主公的利益，名将们攻城略地，杀人无算，手上是血，身上也是血。在小孩子的眼里，这些血概不存在，只剩下了名将的威风。

说起"五虎将"，一般人都知道关张赵马黄，也都知道这并不是历史名词，而是平话演义的噱头。

《三国志》"关张马黄赵传"，可能就是"五虎将"的真正出处，但排名与传闻并不一样，名气甚大的赵云排在了末尾。如果换日本人排，赵云可能就排在第一了，不仅是蜀国的第一，而且是三国的第一。这种排序，与其说是按照个人武力排的，不如说是按照他们实际的政治军事地位排的更合适。在没有明确佐证的情况下，排序本身或许就意味着一种潜在的历史评价。

关羽什么样？《三国志》说他喜养大胡子，而且是漂亮的大胡子。史书没说张飞、马超和黄忠的长相。《三国演义》倒是说张飞"豹头环眼"。《水浒传》也有一个人长得这样。李逵？不对。是林冲，他的外号就叫"豹子头"。《典略》说马超的爸爸是个大高个儿，鼻子也是高挺的，马超如果像他爸爸也不错。赵云也是个大高个儿，《云别传》还说他"姿颜雄伟"。

传说关羽爱看书。看的不是老庄孙子之流，而是《春秋谷梁传》之类的高头讲章。只可惜《三国志》并无这样的记载。后人给予关羽高位，主要是因为他的义气。芸芸诸公，值得他卖命的就是刘备，换谁都不行。"从一而终"是中国人的道德典范，文有孔丘，武有关羽。不同的是，孔从礼，关从人。曹操赏得再多，关羽看不上不说，还多次想杀他。都说忠孝两难，谁知道恩义原来也是这样。

张飞比关羽小好几岁，把关当亲哥哥看待，但是两个人秉性差异甚大。张飞和当官儿的有说有笑，对当兵的动不动就打一顿。关羽正好相反，对当兵的和颜悦色，对当官儿的总是翻青白眼。不要以为张飞对弱势群体粗暴就是一个粗人，他其实是一个相当细腻的人，甚至是智勇双全，严颜、张郃败给他就是输在了计谋上。据说张飞还是一个雅人，书法绘画甚是精通。历史与想象差得就是这么远，而以常情度之，可能还略微接近那么一点儿。

马超是在刘备围成都的时候暗中投降的。《三国志》说，马超一到城下，成都人就吓坏了，赶紧投降。《典略》保守一些，说马超来了将近"一旬"，成都才崩溃的。《山阳公载记》说，马超看刘备对自己不错，就叫他"玄德"。关羽非常生气，就和张飞商议怎么教训马超。改天，刘备请马超，马超坐下来往四周一看，不见关张。再抬头，不得了，关张像两个警卫员一样全都挎刀笔直地站着。从此，马超再也不叫刘备"玄德"了。裴松之说这事不可信，马超投降刘备，怎敢这么没大没小？而且这时关羽人在荆州，怎么可能跑到成都挎刀呢？

刘备给予马黄与关张同样的地位。关羽嫌马超是外人，不乐意，诸葛亮给关戴了高帽，关才高兴。诸葛亮又担心关看不上黄，刘备大包大揽地说，这事还是他来解决吧。黄忠没福气，与关张平起平坐的第二年就翘了辫子。因为唯一的儿子老早就死了，所以黄忠没有留下一个后代。

有人为赵云鸣不平，凭什么关张马黄平起平坐，唯独赵云低于他们，只有"杂牌将军"的名号？这可能与战功以及刘备的信任程度有关。赵云大多随军作战，极少独当一面，攻城间或有之，守土似乎从未有过。而且赵云的业绩大多与宫廷政治有关，他在长坂坡力保刘禅母子何尝不是政治？《云别传》说，刘备的一位夫人是孙权的妹妹，"骄豪"，手下经常惹是生非，刘备就让赵云"掌内事"，这似乎是大内总管的勾当。兵出箕谷，赵云以弱敌强而"不至大败"，诸葛亮事后似乎还夸了他。而《三国志》记载的却是，赵云被贬为"镇军将军"。电影《见龙卸甲》虽然大多出于艺术创造，但是其中的合理性似乎更见赵云的本心。

那么魏国的"五虎将"是谁？张辽、乐进、于禁、张郃、徐晃。当然这有两个前提，一是没有算上夏侯曹氏诸将，夏侯惇、夏侯渊、曹仁、曹洪俱有万夫不当之勇。二是典韦、许褚之属，尽管武力惊人，但毕竟只是高级保镖而短于领军布阵。至于李典、臧霸、文聘、吕虔、庞德，虽为悍将，但又如何与张乐于张徐相比呢？

张辽本来姓聂，因为避怨而改了姓。他和夏侯渊围攻昌豨，数月粮尽。渊说，撤吧。张辽说：别介，我每次巡查，昌豨就瞟我，射出的箭也是稀稀拉拉的，好像不太想打仗，我看我去和他说两句就拿下了。昌豨从三公山上下来，张辽给他讲了曹操的政策。昌豨说：那我就降了吧。张辽一个人跟着昌豨上山，见了昌豨的老婆和孩子，昌豨非常高兴，跟着张辽去见曹操。曹操把昌豨打发了，责备张辽：没你这么打仗的。张辽为自己辩护：这么干符合你的精神啊。

昌豨复叛，于禁征讨。昌豨与于禁是老朋友，就降了。三国的时候，降而复叛叛而复降的事情非常普遍，这可能与那时的战争文化有关。众将认为应把昌豨送到曹操那里，可是于禁却振振有词：按照法令，昌豨属于我们包围了才投降的情况，所以不能宽恕，当然更不能因为他是我的老朋友，就让我失节。于禁哭哭啼啼地把昌豨砍头了。曹操听说了这件事，叹息道：昌豨投降了还见不到我，还让于禁给收拾了，这不就是命么？

从对待昌豨的态度，可以想见张辽和于禁的境界多么不同，而曹操的不同回应更是令人回味。后来于禁不得已降了关羽，曹操哀叹：我和于禁相知三十年，谁知在关键时刻，他反而不如庞德有骨气呢。曹丕上台，于禁回到魏国，头发胡子全白了，形容憔悴，哭哭啼啼地直磕头。曹丕宽慰他"樊城之败，非战之咎"（《魏书》），然后又让他去拜曹操墓。于禁看见陵屋画着庞德拒不投降而自己投降的情形，又惭又气，一病不起，死了。这个曹丕，伪善得很哩。

乐进"容貌短小"，胆子大，和张辽、李典关系不太好。

合肥之战，张辽欲出奇兵，怕他们不服从命令。李典表态：这是大事，我怎能因为个人恩怨而忘记呢？至于乐进什么态度，《三国志》没说，估计既没有李典这么高调，也没有因为个人恩怨而横戈阻挠。

张郃对蜀国的战绩大多是从诸葛亮那里获得的。其一，街亭大破马谡。其二，诸葛复出祁山，张郃说：他没多少粮食，等我赶到，他肯定跑了。后来的一切果如张郃所料。《三国志》明确地说，诸葛亮非常忌惮张郃。不幸的是，诸葛再出祁山，张郃与之交战，被箭射中右膝，死了。按理这不是什么大伤，但在一个缺医少药的年代，小伤照样要人的命。

徐晃不善交际，"俭约畏慎"。河北的两个名将，关羽斩了颜良，徐晃破了文丑，那么徐关谁更厉害呢？襄樊激战，徐先败关于郾城，再败关于围头，全战全胜，而且虚实相应，深得诡道。曹操夸徐晃的才能超过孙武、穰苴。有一次，曹操巡视军营，士卒们大多离开自己的队伍看曹，只有徐晃的部队一动不动。曹操不禁感叹，"徐将军可谓有周亚夫之风矣"。

吴国"五虎将"，周瑜、鲁肃、吕蒙是不二人选，他们不仅文武双全，而且均已达到极高的境界。这在三国名将中并不多见。蜀国张飞只有几分形似，实则差之远矣。魏国张辽、张郃庶几近之。剩下的两个名额，候选者就多了，程普、黄盖、韩当、周泰、太史慈、甘宁、凌统，都有相当的竞争力，随便挑两个凑数吧。

赤壁之战惊世骇俗。按照这个战绩，说周瑜是三国第一名将，谁敢不服？且不说周瑜之完美："壮有姿貌"，大帅哥一个；"精意于音乐"，谁弹错音，一听就知道了。人品更是没的说，"性度恢廓，大率为得人"，只与程普的关系不够融洽。

《吴书》说鲁肃"体貌魁奇"，剑骑射无一不精，讲武兵出类拔萃，更厉害的是，他与诸葛亮异曲同工地创造了联合抗曹、三分天下的战略构想，而且为人宽和幽默。大败曹操，孙权隆重迎接鲁肃，说：你看我这样是不是给够你面子了？鲁肃说：不够。众皆愕然。鲁肃举着马鞭子说：等您成就帝业，用舒服的车子来接我，我才觉得有面子呢。孙权听了非常开心。鲁肃死后，孙权和陆逊议论周鲁吕，对鲁肃颇有微词，主要还是因为厚待关羽和借地的事情。

吕蒙年轻的时候不爱写字，碰到什么事都是口头汇报。蔡遗经常笑话他，告他的状，但是吕蒙一点儿都不恨他。豫章太守的位置空出来了，孙权问吕蒙：你看谁合适？吕蒙推荐蔡遗，孙权笑着说：我正想用这个人呢。

甘宁暴虐，喜欢杀人，又时常违抗孙权的命令，孙权想收拾他。吕蒙劝孙权：将才难得，你就容忍他吧。终甘宁一生，孙权予以厚待，实因吕蒙的劝诫起了作用。

周鲁吕都是壮年的时候病死的，周瑜终年三十六，鲁肃四十六，吕蒙四十二，都挺可惜的。如果他们每个人再多活十年，天下是不是司马家的还真不好说了。

流光暗影说仙容

满脑子张爱玲。

抓住新出的《图本张爱玲传》，喝粥似的吸溜吸溜地喝下去，痛快倒是痛快了，然而以粥之热，还是烫得心皮生了几颗黄豆大小的燎泡。而且谁知竟是八宝粥，桂圆、莲子之类的小东西都没研细，硌得心水全生了极端的涟漪，又是浪花，又是石屑，难过之中藏着欢喜，欢喜之中又扎着悲凉的小针眼儿，从里面冒出汩汩叹息。

照片在《对照记》里见过一些，再见犹如顾曼桢与沈世钧的隔年之晤，相互之间损失了许多湿润的时光，再也不可能回去了。而这损失在修改之中，又仿佛在有意反复的折磨里，添了些谁都不愿意多谈的家国之念。对张来说，尤其如此。这些和小说、想象以及议论交织措置，好像她就是我们生活之中一个写东西的人。面容也是，熟得不能再熟，尤其第二帧派司照[1]，面部没了第一帧的暗影。或许只是洗印或者用光的原因，尽管脸上的微喜几乎淡得若不细瞧就瞧不出来。

这时的张，面圆而净——汤唯小姐确有几分形似；而后的枯瘦不能想象，不免担心她的未来。

对这些照片，张都有自己的叙述与回忆，再加上各种各样的材料，个人的、历史的或者文学的评传，其实都是已然敲定结构的铆钉。所以，杨天舒的考虑肯定不是出于一时半刻的冲动，而且因其文学专业出身，评议的时候就带着更多的体贴，比如张的敏感内向大体与家庭有关，而对政治对时事又完全从个人的位置看，不去思索什么宏大什么叙事。

还有让我心里高兴的，是杨天舒不信任胡说，而把《小团圆》拉进来索隐。我向来不喜把小说当作史实的，但是这次的例外实在是事出有因，何况杨的解析阐释都合情合理。胡说胡话已久，而张爱的不过是爱之投影。之前的深冷多是观察，而后的怀疑则是体验。

不能不涉及文本。约翰·费尔斯坦纳写《保罗·策兰传》，甚至到了细读的边缘。《图本张爱玲传》也有类似优势——从作品之中发现更多的人生痕迹，而且予

---

1. 即 passport photo，贴在证件上的小照片。

之适当的安排。

我不必讳言自己阅读上的转变。早年看张，以为都是女人间的算计，勇毅一些的说法，不过是显示社会人性的粗陋卑鄙。后来发现，这与英伦传统有关，渐有一些兴趣。直到看到晚期作品，尤其看她勾勒我极熟悉的乡村，着实惊异于张的写实才能，从此正式自诩"张迷"。

或因同是女性，杨天舒的学者文笔还是多了不少天然的东西。张的炫耀与僻居其实都是社交恐惧，前者是掩护，后者是无奈，实在不愿意见人，那就躲起来。看她中文和英文的墨迹——传里有不多的几帧，我看过她写给庄信正的书信影印——收敛和自闭，但又控制着清晰的程度，这不仅与我心中的印象一致，而且还多了一些亲近感。

然而张实在不是一个可以亲近的人。她的这一面深了，那一面就天真，或者换"愚钝""幼稚"之类的什么词都可以。羞涩也可能是佯装的。"正大仙容"之类的闺阁比附其实就是一个证明。而从实际的生活经验来说，这就是问题或者困境之由来。还有一些就是命运和机缘的问题，比如英文出版情况，实在是伤了张的骄傲。

有时喜欢张画的插图以及涂鸦似的速写，有味道是有味道，但一想到这是张亲手勾勒的，不免别扭。想起她挣扎在自己人生之流中的双亲，想起她显赫而衰败的家族史，经历的战争、婚变、更旗、流徙，就没有了矫情。一切不过是传里引的《武家坡》的戏文："黄沙盖脸尸骨不全"，或者张自己写的"流言"——英文写为written on water。这与济慈的 written in water 又有多大区别呢？在水上的，在水里的，全都越流越远了。

寂寞比井深几许

朱生豪沉默的程度让人吃惊。他在《寄在信封里的灵魂：朱生豪书信集》里的一封信中说道："一年之中，整天不说一句话的日子有一百多天，说话不到十句的有二百多天，其余日子说得最多的也不到三十句。"仔细想象一下这种生活，的确不是常人所能忍受的。其中的寂寞和孤苦，每分每秒，都流溢着酸涩而凄楚的滋味。孔丘曾说"君子寡言"，朱生豪算是事先得了比较贴切的表彰，或可以安慰一下日益孤寂的心灵。

人生看起来漫长，而实践之中，又是可以随时戛然而止的。说不定什么时候就结束了，所谓长寿也不过是想象而已。这是我近年一点儿不足为外人道的心得。而自称"古怪的孤独的孩子"的朱生豪，的确像一个受惊过度的孩子，每日沉浸于自己丰富的内心世界，而于外界多少生出一些恐惧的心来，他不仅对陌生人无话可说，即使面对自己心爱的女友也是默然缄口；他宁可选择写信，表达自己丰富心灵的某一个瞬间。他的句子看起来清晰、理性，实则却处于矛盾而复杂的纠葛之地。

朱生豪给宋清如的信中常常夹杂着这样灰色的心绪："常常心里的热望使我和你写信，然而每回写时是一个悲哀，我总是希望能告诉你一些新的言语，然而笔下只有空虚。烦杂的思绪，即使勉强表现出来，也是难堪的丑恶。"粗粗读来，不知情者误以为朱生豪是布尔乔亚一族呢。咳，其实人生之中哪有那么多实际的快乐可言？无论是搏斗者还是沉入者，都是承担着无常的重量的。不同的是，前者看清了这重量而毅然接受，后者却没能看清，只好糊涂着消耗时光。朱生豪是清楚的，虽然不像卡夫卡的沉默近于一种深刻哲学，但也能让人感到一种窒息般的压力。我依稀记得一部中文版卡夫卡小说的封面，木刻肖像中的卡夫卡瘦削而清癯，眼窝深陷，似乎要把我们看不到的许多东西都容纳进去。我见过颜仲的这幅木刻原作，它比封面中的肖像大了许多，笔触也异常清晰有力，如同卡夫卡留在布拉格或者人心的痕迹。朱生豪的痕迹也是这般浓重，三十一部中译莎剧，自然是皇皇巨著，但他自己却没能看到它们的出版。他辞世两年之后，才出了其中的二十七种，而三十一部出齐，则是九年之后的事了。

这样的劳动者，生前缺少足够的关心。或以为他是自愿如此吧，然而扪心自问：这怎么可能？谁不希望生前就能得到他该得到的慰藉呢？只是不可得，而终究无法罢了。和夏济安一样，朱生豪也喜欢看电影。这些虚幻的影象给了他一些细致而清浅的满足。他说"迷人精Marlese Dietritch"的电影，几乎每部都看，"恋歌是富有诗意的，但不是她本色的作风"。而对自己爱着的宋清如，他也赋予了许多幻想的成分，他甚至当面对宋说，所谓爱的对象主要是自己想象出来的。宋清如是一个了不起的通达的女性，她深深理解朱生豪这句话"并不是否定他感情的专注"，"无非是寻求心灵的寄托"而已。人和人之间的理解是艰难的，达到他们夫妻这种程度的确罕见。

我从不愿意说朱生豪居于不胜寒的高处。精神活动比较多的人，多少都是寂寞的。而每日与莎士比亚生活在一起的人，寂寞就更是深如古井了。更何况朱生豪不能以母语直接和莎氏晤谈，之间多少是有些隔膜的，但他的隔膜以我看来，已经是最接近的程度了。回过头看，寂寞也非译事的代价，只是另外一种愉悦和放达吧。

宝葫芦里卖的是什么秘密

做孩子的时候，想得多，而且大多不能实现。大人说这叫幻想，这叫梦想，这叫妄想，或者把这个行为叫作想象。我就以为这是说我的坏话呢，虽然心里不乐意，但头还是点点，这不仅因为人类第一法则：大人永远是对的，也因为人类第二法则：大人永远都是为你好。

《宝葫芦的秘密》里有个懒惰的孩子叫王葆，也特喜欢想象这个看起来很轻松的活计。他因为懒惰就想出来种种方便的法子，比如小孩子最不喜欢写作业，王葆就自己减负，让葫芦操办这一切。等他打完游戏机，哦，错了，等他玩完玻璃球，他就看到了做得非常精良的作业。班级里要弄些植物绿化绿化，王葆一招呼葫芦，最稀奇古怪的、最让他露脸的植物就都出现了。当然这葫芦除了偷东西，还没文化，连这些植物叫什么都不知道，让王葆在同学们面前出了丑。而且葫芦也帮倒忙，不懂得汉语的丰富性或者歧义性。王葆说吃了对方的马，它就把木头刻的棋子"马"塞到王葆的嘴里。其实汉语的"吃"也可以是"消灭"的意思，北京人早些年还把它当"hello"用呢。当然，还是好处多。有了葫芦的王葆轻松地改变了在同学们中间的地位，因为他可以在任何方面都很优秀。这其实也是老师、家长乃至社会的标准，这就是说王葆的目标没有错，错在他用了助手，就像所有的考试考记忆力，你却把一分钟计算几亿次、海量信息囊括世界上所有图书馆内容的电脑搬到了考场，人家脑子好的孩子能服气么？

　　这时候王葆的想象力就受到了道德的质问：你的手段是不正当的，和大家不一样。或者，你有个宝葫芦，而我们只有一个大水瓢，这公平么？你的想象只能让你懒惰。懒惰是所有道德批判中，大家都能看见的坏东西。我记得，20年代70年代的时候，我们小孩子曾经被大孩子组织起来，在我爸单位宿舍区搞起了一个"抓懒汉"的运动。一个上海女青年大白天被从被窝里揪了出来——她或者是病了，或者是刚下了夜班——她对把她从梦中叫醒非常恼火，冲着我们的孩子头儿，一个十二岁左右的小丫头吼：出去！出去！小丫头立刻用革命道理批评她，并陈述一个普通的常识：大白天睡觉就是懒汉。最后怎么样,我就不知道了。后来我在我爸单位的黑板报上看到一幅粉笔漫画,一个胖胖的女人躺在床上,直着上身,挥舞着一个笤帚疙瘩,对左面站立的两个小女孩吼。漫画标题就叫《抓懒汉》。而我当时关心的是,为什么画里只有她们三个,我和其他几个小朋友呢?

王葆这个小懒汉也一样会被人家揭穿。画皮是包不住白骨精的,群众的眼睛是雪亮的。写过《秃秃大王》《大林和小林》的张天翼先生最后也只好让王葆的想象破灭,变成丑陋的肥皂泡。或许张先生的本意就是这样。反正,当我看到王葆的葫芦没了,我的心里是痛苦的,就假装不知道,只想着拥有宝葫芦时候的事情,那是一团多么美好的记忆。

想象的毁灭。在上海天马电影制片厂的电影《宝葫芦的秘密》里,非常清晰地表现了一个落后孩子的转变。社会化的一面并不能泯灭孩子的要求,几乎所有刚读完这本书的孩子,第一个愿望就是:我要一个宝葫芦!

其实孩子的美就在这里。孩子就应该是个孩子。

翻译家的生与死

题目早就有了，一直拖到现在，风事雨事，诸如此类。总之是耽搁了，没有辩护的余地。力冈先生去世的时候，心里着实动了一下，尤其看到有关报道引用了自己的谢语，心里更加不是滋味。一是觉得自己受了不该受的宠爱，二是觉得自己写的谢语太少了，而且没什么分量。绿原先生去世的时候，已经备好了笔墨，然而事到临头，仍然没写。不管主观的还是客观的原因，没写是确实的，所以也就不能浑赖。今天早早得到杨宪益先生去世的消息，心里难过，而且伤心，就命令自己：这回无论如何不能耽搁。倒不是怕债越积越多，而是觉得必须写些什么。

三位老先生都是翻译家，虽然杨先生幽默地称自己是翻译匠——这和某些真正的翻译匠是有区别的。按照一位老先生的话说，翻译匠是死抠字典的。如果翻译药典，倒也行得通，但是翻译小说或者诗，恐怕就有点问题了。

尤其译诗，麻烦更大。译诗有多难呢？学界有句格言：诗是不能翻译的。其实这只是一种修辞，诗是可译的，只不过困难多一些。我们这一代的作家或者诗人大多受了翻译的恩惠。如果谁说自己没受，我也不会生气，反而只有深深的敬服——这话当然是讥讽，因为一向讲究传承的艺术，从来没有"横空出世"这档子事，尽管某些独创"春迹了无痕"。

力冈先生和吴笛先生合译的帕斯捷尔纳克《含泪的圆舞曲》，极对我的胃口。我听高莽先生读过老帕，音节复杂、丰厚；我也听过老帕本人的录音，他读普希金，读自己的诗，苍老而又单纯。力先生与吴先生的老帕，声音着实细腻、从容。"铁锹在砂子中咯吱作响，/仿佛上牙敲着下牙，直打寒颤。"绿原先生译的米沃什《拆散的笔记簿》，陪我度过了上世纪80年代末的一段时光。这本集子和《含泪的圆舞曲》，几乎翻烂了，破败的纸页用透明胶带缠着。"现在，我承认我的疑虑。/有时候我觉得我浪费了我的一生。"这个版本的米沃什，先入为主地占据了我的阅读谱系，这一状况直到最近几年才有些微改变。当然，我没忘记那本当代德语诗选《黑色太阳群》，德中两种文字的对照版。不知为什么，它始终没有与我发生更为深刻的关联。现在想来，可能仍与直接的米沃什有关。

　　杨宪益先生译诗可能不多，我只看过维吉尔的《牧歌》和《近代英国诗钞》，后者满打满算只有六十七页，是他不到三十岁的时候译的——远比我现在年轻。有一阵子出门，我总是带着这本小册子，一是薄，二是它值得反复端详。我一边望着窗外苍老的浮云，一边默诵杨先生的译笔。我尤其钟爱叶芝的《象征》："风雨飘摇的古楼中，/盲目的处士敲着钟。//那无敌的宝刀还是/属于那游荡的傻子。//绣金的锦把宝刀围，/美人同傻子一同睡。"典雅诙谐、气度雍容，我以为是得了英诗的精髓的。杨先生把叶芝译成叶茨——译名的差异或者昭示着两种截然不同的时代格调吧。可惜的是杨译《奥德修纪》，只有开头十行算是诗体，后面全是散文。杨先生的理由，一是诗体无法表达原文的音乐性与节奏，二是散文利于讲故事。这两样理由，仍然让我觉得可惜。

　　现在，读原文的机会增加了许多。通过穆旦先生，我们读到了中文的普希金。通过力冈先生，我们读到了中文的老帕。之后，陆续读到了中文的米沃什、奥登、布罗茨基以及更多的外国作品。原先，我没有意识到它们的性质属于中文，我把它们当作它们母语理所当然的对应，就像小时候看译制电影，以为那些高鼻深目的外国人都会说中国话一样。偶然的契机，得以阅读叶芝的原文，阅读老帕以及米沃什的英译，其中的微妙与细腻，岂是译文能比？这才恍然，更为重要的是阅读原文。这才发现译文与原文之间存在的差异，自然而然便对过往的翻译产生怀疑，自然而然自己动手逐译。

等到自己译多了，遭到质疑或者自我怀疑，这才渐渐理解译文的真正含义。译文就是疑问。这才发现轻视过往的翻译相当愚蠢。译文没有完美一说，只有更好、更接近。杨宪益先生写过一本书，《译余偶拾》，是文史考证笔记一类的文字，里面有则《薛平贵故事的来源》，让我大得启示。之前，我看过京剧《武家坡》与《汾河湾》，总觉得薛平贵与薛仁贵极其相似。后薛出自新旧《唐书》，前薛从何而来？杨先生给出了答案：格林童话中的《熊皮》。杨先生的根据是，The bear hide 的北欧古语译音与薛平贵三字的发音相同。这似是一个逻辑孤证，恐怕需要更多的旁证才行。杨先生在《自序》里说了，"内容上的错误是大量的"，他并不避讳。而译诗，相伴着更多的错误自然也就是一定的。这时候，商榷是应该的，毁谤之类就过了。何况诗之所重，另有一番意图和天地——我并非为自己或者其他译者辩解，只是说点看法罢了。庞德或者其他英语诗人，大多将译诗当作个人创作，载入个人选集。中文之中就没这个传统。为什么呢？我知道，但是如何开始又显得有些艰难。

译者无所求，如一生寂寞的朱生豪先生，活着的时候不求，死了之后更是如此。好的翻译家大抵如是，如去年去世的袁可嘉先生——我写过一篇短文，纪念我们的一面之缘——而力冈先生、绿原先生、杨宪益先生，虽然从未谋面，但我从中受的恩惠，自是记得的。然而恩惠的报答，除了这篇简陋的文字，又有什么呢？他们可能也不需要什么。该做的均已留在书里。书生通谊俱在书中吧。想他们了，就看他们的书。不想他们了，就好好过自己的日子。杨先生译过约翰·莱曼的一首诗——《我的愿望》，我很喜欢。其中有几句是这样的，或可显示生与死的关系吧："有时我运气好，找着了钥匙，/把门开了一两寸，可是总有/门铃响，有人叫，或人喊失火。/使我手停住，什么也看不见，/我又跑下楼来，而重新懊悔。"

失踪者的归宿

人都是有归宿的。死肯定是一种。但对历史来说，并非如此。

马骅失踪将近一年也没找到。我并非固执，只是觉得，失踪，这是可以确定的唯一的事实。而其他说法，我虽然理解，但是总觉得过于残酷或悲观。我当然想责备这些说法，但我是天生的民主派——这是一个朋友评说我的——我就把这话咬碎咽肚子里了。

江水汤汤，它或许知道秘密，或许什么都不知道。历史并不是江水所能了解的。它或许只在你我彼此的口中。现在时兴口述历史，想来大有根源。

夏济安是理想而寂寞的人，喜欢女生而拙于口头表达，惯常的办法就是写信，结果呢，《夏志清夏济安书信集》里显示出来的，自然归零。我当初也是写信，自觉写信庄重，能阐释清楚。或许就因庄重得近于哲学，把人吓跑了。生活可能就是要低一点。总在高处，当然就会冷了，更何况夏济安喜欢自省。对于灵魂的健康，这是当然之法，而对日常生活，对求偶，就会衍生出过多的限制。而且一生欲念就谴责自己，这怎么得了？夏济安恋爱的失败或许就在此处。董同琏女士也说夏济安不够豁达。一旦认真，陷入，就万劫不复。

"我是绝对的贞洁主义者。这一世如果找不到十全十美的对象，也许只能同女人不来往，永不结婚了，这样对于自己也许太残酷，然而不这样做，我的心就不能安。"这样的决绝，这样的不谙世事，正说明夏济安多么理想。

内心敏感而丰富的人，一定爱看电影。果然，《夏济安日记》记了许多电影。向女生表达爱意，除了吃饭，也就是看电影。电影中的男主角，夏济安可以暂时替换一下，以慰折磨力超强的寂寞。或许真的有宿命存在，胞弟夏志清说，济安喜欢的女星都是琼·莱丝莲这样的小家碧玉，命中注定红不起来。

如果没有夏济安这些文字，在他孑然去世四十年之后，人们或许记得他的学问，但能否记得他的寂寞？储安平彻底失踪了，或许他化身某人躲在某地冷眼观看尘世变化。仔细深思，这种可能性有多大？可能仍是深爱者的一番心思吧。我能解人，偏不能解己。

我曾在皖南一家祠堂发现胡河清的名片插在桌上的许多名片之中。距离他弃世也有一些年头了。而我却觉得他从未失踪，他的痕迹仍然存留，不仅有深刻的文字，也还有实际的证物。我拍了照片，给何涛看，她说，那一定是胡老师留下的。我自觉有些慰藉。而这慰藉也只是在活人之间传递。

前几日，我在白山黑水间踏访六十年前战争的遗址，途经宝泉岭农场。这是戈麦看不到背影的故乡，我曾多次想去而未去。特意驱车来到中学门前。贴着瓷砖的楼房，烈日下孤寂的院落，错落的矮树和旗杆，但故人何在？我不曾去八宝山，所以我死不承认这个事实：他仅仅是一个年轻的失踪者。

他们都曾活着，而今活在文字里，活在活人的嘴里。我大发感慨，的确有些感慨。他们现在也活着，因为我不曾亲见他们的死。我不过是悲伤的贝克莱。夏济安和伟大不沾边，平实而有限，没有钱学熙、卞之琳的陪伴，寂寞或许更深，深过无边暮色。

世间哪有不朽事

周五，天气寒冷，我独在书简之中取暖。忽闻张中行先生辞世的消息，骤然之下，有些懵懂，断然不敢相信。几番辗转，消息似乎确凿，坊间的议论也纷纷入耳。

回头一想，也是，世间哪有不朽之事？何况张先生年迈且病，辞世乃在早晚之间。若换作他人，我自然也就顺应天命，聊表哀痛之心，也就罢了。但我是张先生的粉丝，他坊间所印之书悉数读过，受了这样大的恩贶而无寸语，岂非薄情之属？自己也会看不起自己的。

与张先生结缘，始于《负暄琐话》。此书甫现，一时京城纸贵，搜求不易。我借阅一过，一心想自存一册。1992年游历天津，才在书肆访得。回到宿处，立刻展卷重览。旧时人物，一个一个鲜活地立于目前。我想了一些评语，翻来覆去也只是"风骨"二字。并非这些人物外貌轩昂，而是骨血深处自有文脉流传。

开门第一篇是《章太炎》。张先生说，按照行辈，太炎先生是他"老"老师的老师。而粗论起来，章先生则是我的祖师爷。如此排行，并非攀龙，只因我曾在师大聆听许嘉璐先生两年教训（章黄之后是陆宗达先生，再之后乃是许先生和王宁先生）。虽然我也是未曾及门，而后又专作新诗，小学功夫已然藏匿，但师德常常感念心间。或因如此渊源，我亲近张先生，或可从中传染某些气息。

不知听谁言说，张先生与女作家某某曾结姻缘，且被写入书中，状貌也实在粗鄙不堪。此书，我少时读过，隐约记得，书中把张先生作为胡适弟子书写。而在《胡博士》之中，张先生虽写胡博士的和易聪明，但也写其解聘林公铎"不能令人首肯"。若那书不是小说，则须商榷。巧的是，女作家住在师大北面红楼。红楼并非沙滩独有，铁狮子坟也有几座。上下两层，住的均是学界人物，启功先生也曾寓此，后因诸事烦扰，方才搬离。这些是听郭预衡先生所说。我那时年轻，贪图便捷，时常穿越红楼之间的核桃林。行到此间，偶尔想及张先生的这一段，不免为之叹息，张先生如此厚道，他哪知人心自古不同？

"负暄"连出三册，张先生声誉日隆。此时，我已北上谋生，虽然书卷失散了一些，但这几本侥幸留存。是书为本地书局所出，我曾引以为傲。或因此故，书店之中屡见降价"琐话"，虽然有点失落，但仍大喜过望，购得若干，赠与识人。我与杨氏结缡合并身家之时，重复书便有张氏数种。某年初春，我俩盘桓姑苏，住在玄妙观附近。每日爬起，必去一家馄饨铺吃早点。这家馄饨皮肉皆美，而汤尤鲜，我不禁大叹自己有福。后日浏览张书，在《姑苏半月》之中，看到这样的句子："另一家名绿杨，卖馄饨，我平生各地吃馄饨，当以此处为第一。"我当场哈哈大笑，我吃的便是绿杨！遂引张先生为知己。

去岁，我有幸得睹张先生妙文，痛斥某人《论语别裁》，尤其后面几句，实为清醒透彻之语："我觉得，对于孔子的某言某行，评价，至少也要换用三副眼镜，而所见就未必一样。"张先生通古彻今，不为稽古所迷，且为五四与白话张目，确是文人本色、后世良师。

雪夜读金庸

金庸先生去世的时候，东北的雪刚刚下过。

我们其实在金庸先生的小说里见过各种各样的雪，牛家村的壮士雪（《射雕英雄传》），长白山的英雄雪（《雪山飞狐》），雅克萨的历史雪（《鹿鼎记》）……

一场又一场纷纷扬扬的雪，不仅下在众多小说人物的身上，也下在金庸先生拥趸的心里。

在这些雪中，最让人难忘的恐怕还是风陵渡的雪。它出现在《神雕侠侣》第三十三回《风陵夜话》里："天色渐暗，那雪却是越下越大了起来，忽听得马蹄声响，三骑马急奔而至……"众人围火闲谈杨过事迹，让少女郭襄心醉神驰。对于金庸先生的读者来说，金庸先生其实就是神雕大侠杨过，或者与之相类的人物，口口相传，遂成一段江湖传奇。

20 世纪 80 年代以降，关于金庸小说的阅读史恐怕每个人都会撰写出不同的版本，不论是从《武林》杂志连载小说开始的读者，还是从十六开错字连篇的盗版小说开始的读者，一旦进入金庸先生的武侠世界，就会为之痴迷。将近四十年来，读金庸、谈金庸的人不知凡几，但是谁又能说清楚金庸的书到底印了多少本？"飞雪连天射白鹿，笑书神侠倚碧鸳"，这十四部厚薄不一的小说，谁又能说清楚自己看了多少遍？1994 年，王一川先生将金庸小说片断收录在《20 世纪中国文学大师文库》之中，一时之间，争吵辩护，甚嚣尘上。虽然事隔多年，尘埃落定，但是王一川先生当初的推举之功，仍然让许多金庸先生的老读者感佩在心。我们并非专业的文学工作者，不必为金庸先生的文学地位操心，无论是把他称为中国的大仲马还是中国的托尔金，他都是那个为我们写出"成人童话"的人。

是的，"成人童话"。只有这四个字的小标签才适配金庸先生的文学创作。

不少人喜欢谈金庸先生的家国情怀，确实如此，它至少体现在抗金（《射雕英雄传》）、抗蒙（《神雕侠侣》）、抗俄（《鹿鼎记》）的壮烈事迹之中，或者体现在更为复杂的民族问题探讨之中，从乔峰到底是汉人还是契丹人的自我纠结，到韦小宝父亲身份的惝恍迷离，我们都能看清楚金庸先生历史观的发展与变化以及比较超然的历史态度。

> 乔峰呆立在石壁之前，不禁怒火上冲，只想挥刀举掌乱杀，猛然间想起一事："我离丐帮之时，曾断单正的钢刀立誓，说道：我是汉人也好，是契丹人也好，决计不杀一个汉人……"
>
> ——《天龙八部》第二十章《悄立雁门绝壁无余字》

"决计不杀一个汉人"，这就是大英雄乔峰的伦理选择，所谓侠之大者为国为民，个人情感当然可以超越于狭隘的民族意识之上，所以乔峰之死才令人肝肠寸断，热泪盈眶。

> 韦小宝将母亲拉入房中，问道："妈，我的老子到底是谁？"
>
> …………
>
> 韦春芳抬起了头，回忆往事，道："那时候有个回子，常来找我，他相貌很俊，我心里常说，我家小宝的鼻子生得好，有点儿像他。"韦小宝道："汉

满蒙回都有，有没有西藏人？"

韦春芳大是得意，道："怎么没有？那个西藏喇嘛，上床前一定要念经，一面念经，眼珠子就骨溜溜的瞧着我。你一双眼睛贼忒嘻嘻的，真像那个喇嘛！"

——《鹿鼎记》第五十回《鹗立云端原矫矫 鸿飞天外又冥冥》

小说结尾揭露出韦小宝的混血血统，在充满喜剧色彩的同时，也告诉我们单纯而狭隘的血统论背后其实藏着太多不靠谱的东西。只有人际和睦才是更为重要的社会主题。它如同显微镜，显示出某些人在描述方面存在的问题，比如，与其说侠客们反抗的是官府或异族，不如说是反抗它们施展的暴力或者侵略行为更为恰当。罪恶的可能并不是身份，而是罪恶行为本身，这是常识，而常识恰恰是我们之中的某些人比较匮乏的东西。金庸先生的武侠小说其实也是爱情小说，或者说爱情是金庸先生重点关照的元素。

在《书剑恩仇录》里，陈家洛、香香公主、霍青桐之间的三角纠葛自然不必多说，仅仅是余鱼同暗恋骆冰的情节就值得读者细心琢磨其中的动人滋味。不过更为动人的爱情当然是在《射雕英雄传》里聪明的黄蓉和笨拙的郭靖之间发生的，他们几乎建立了一种奇特的情侣搭配模式，性格存在差异又能相互补充，生动有趣之余又能令人心动不已。

至于《神雕侠侣》之中小龙女和杨过之间轰轰烈烈的爱情，让人咀嚼之处更多。首先师徒关系就构成第一层伦理障碍。不过，在小说规定情境之中，小龙女的天真和杨过的胆魄比较让人同情甚至赞赏，而如果将之翻译为当代情境，恐怕又是另外一番模样。如果我们能够保持本心，就不难发现爱情只是一种情感而已，它对身份、民族、年龄种种社会制约其实完全可以置之不理。其次构成障碍的则是所谓的江湖秩序和江湖价值观，这在《笑傲江湖》《天龙八部》《倚天屠龙记》之中都有涉及，不少地方滑稽可笑但又荒谬卑鄙，尤其自诩正义感的一方往往比所谓的邪魔外道还要恐怖，比如真小人左冷禅和伪君子岳不群。

其他更有意思的则是多种关系构成的情感问题，它们带来某种困扰与些许乐趣，让人沉思的同时也让人沉迷，比如《倚天屠龙记》里张无忌和赵敏、周芷若、殷离、小昭之间的复杂纠葛，其中赵敏是民族敌人，但是她的可恨程度完全不如江湖恩怨之中被黑化的周芷若，而且张无忌本人性格之中的优柔寡断更是被人诟病。这完全不同于《鹿鼎记》里的韦小宝与七个女人之间的复杂关系，虽然他的艳遇可能会满足某些男性对封建社会一夫多妻制的心理期望，但它并不值得讨论。只不过我们都清楚，真爱韦小宝的只是双儿，而韦小宝真爱的陈阿珂小姐其实并不值得他爱。与陈阿珂类似的还有《天龙八部》里的王语嫣，她最初喜欢的居然是慕容复，这是一种什么眼光呢？但她最后总算明白了什么才算是真正的爱情。而《笑傲江湖》里的岳灵珊虽然让令狐冲伤透了心，但她也就是所托非人而已，是值得怜悯的。

金庸小说中最动人的女性角色可能是程灵素。

> 她慢慢站起身来，柔情无限地瞧着胡斐，从药囊中取出两种药粉，替他敷在手背，又取出一粒黄色药丸，塞在他口中，低低地道："我师父说中了这三种剧毒，无药可治，因为他只道世上没有一个医生，肯不要自己的性命来救活病人。大哥，他不知我……我会待你这样……"
>
> ——《飞狐外传》第二十章《恨无常》

以对方喜乐为喜乐，甚至为对方不惜自己的性命，在这种爱情面前，实在没什么可说的。

金庸先生自己的生活无论私人的还是公众的，都能在小说中找到一定的对应。不过，这并非他的读者过几年就读一遍他的小说的主要原因。真正的原因也许只是长夜漫漫无心睡眠，不如读一本金庸先生的小说来呼应窗外的雪花吧。

古龙的理解力

你为什么喜欢古龙?

我眨眨眼睛,我说我不知道。

我不是真的不知道,而是知道得太多。

知道太多的人往往不知道从哪里讲起。而且把其中一个理由排在前面,就是对另外一个没有讲出来的理由的伤害。我不希望我把我的喜欢分为三六九等,正如某些理所当然的高人对待所谓的低人所做的那样。

我不想歧视任何东西。

还有一个根本的原因就是现在的我不是年轻的我。

年轻的我看到的只是李寻欢的伤心和飞刀技艺,而现在的我看到的却是古龙对黑暗人性的剖析和内心近于理想主义的渴望。

年轻的我看到的只是镜子之中的自己,而现在的我看到的却是镜子之中的朋友,正如阿飞看到的李寻欢或者李寻欢看到的孙小红。

爱情的本质其实就是友情。

我曾经为李寻欢的伤心哭泣。现在我不会哭泣，不是没有眼泪，而是未到时候。

男儿有泪不轻弹，只因未到伤心处。爱情和友情都已伤害不到我。

因为我已不再年轻。

然而我却一直不喜欢喝酒，所以我永远无法理解李寻欢和古龙嗜酒如命的真相。

年轻的时候我也醉过，除了酒精过敏的痛苦之外，别的东西一无所有。

但我却知道什么是欺骗。

在兴云庄里，李寻欢被龙啸云设局陷害。龙啸云表面无奈的举止和背后冷漠的表情让人恶心。陌生人的伤害是理所当然，朋友的伤害是要你的命。所以你的人生之中如果出现与龙啸云类似的朋友简直比死了还难受。一代大侠龙啸云何止是妒忌，何止是卑鄙。连卑鄙的上官金虹都觉得与卑鄙的龙啸云结拜是一种耻辱。

然而更让人恶心的，是龙啸云处心积虑的伪善，是他的儿子龙小云两面三刀的歹毒。他们最亲近的人——善良的林诗音，对他们其实并没有什么正面的影响力。

让我恶心得想吐的人却不是以血还债的龙啸云，而是道貌岸然的赵正义、田七这样的江湖正统捍卫者。在现代社会中，这样正确的手心究竟沾染了多少无辜者的血？

所以看完《多情剑客无情剑》，你可以记不住铁笛先生，记不住吕凤先，但是你必须记住赵正义，"虽然满肚子男盗女娼，但说起话来却是句句仁义道德，而且居然一点也不脸红"的，江湖人称"铁面无私"的赵正义赵大侠。而且因为阿飞的剑"刺偏了两寸"，"没有伤着他的要害"，所以他还活着，甚至就慈眉善目地活在我们中间。

而美丽的林仙儿是可怜的。虽然她比较接近黑暗的龙啸云的侧面，虽然她自以为是一个聪明的美人。她觉得是自己在利用男人的弱点，殊不知，她其实才是被男人利用的欲望机器。利用身体就是出卖肉体。所以古龙给她安排的下场不是死亡，而是堕落和毁灭。

江湖人人皆知百晓生的兵器谱，并且为此津津乐道，但是似乎没有多少人注意百晓生的死，更没有多少人注意到百晓生其实就是死于李寻欢的飞刀。因为百晓生非但不了解李寻欢，更不了解他自己，尤其不了解"多行不义必自毙"的道理。百晓生终于倒毙，不是因他"无所不知无所不晓"，而是因为他的罪恶。

高手为什么寂寞？不是因为他不善良、不温和。还有比李寻欢更善良更温和的人吗？几乎没有。冷酷的不是一流高手，而是二流或者三流，正如一流的诗人和艺术家从来都不依靠炫目的发型和服饰。一流高手热爱俗世的生活，像孙小红的爷爷，像李寻欢。上官金虹为什么会败？不是因为他的兵器"龙凤双环"不够犀利，而是因为他只爱儿子、自己和权力，因为他太自信，因为他不善良、不温和。这不是唯心的说法，请听古龙仔细道来。

是因为理解力。有的事情仅仅依靠知识和理论是不够的，必须依靠自身的体验和经验，你没有达到这么高的境界，你就不可能理解这种境界是什么样子的。从山脚望向山峰，许多细节都是看不见的。但是从峰巅望向山脚，一切都一览无余。

所以孙小红的爷爷评述李寻欢勘察地形的文字可以作为理解什么是真正高手的参考。

所以孙小红才感叹："但别人却只能看到那一瞬间的事，所以人们常说'武林高手一招争'，又有谁知道他们为了那一招曾经花了多少工夫？"

所以我说古龙的理解力是高清理解力，不仅清晰而且高级。

最喜欢把自己的行当比作江湖的是诗歌行当，所以才有托名百晓生的《诗坛英雄座次排行榜》。江湖人士议论纷纷，寻找自己的评语和身影。然而谁是在意先后的吕凤先？谁是想一统江湖的上官金虹？谁是赵正义？谁又是以剑写诗的阿飞、流血多情的李寻欢？

古龙写出的真实只是理想的真实，他只是写出了他所理解的那一部分。

这一部分足以温暖人心。

黄易是个香港人，好像是一个工科的教授，好像又不是。我的脑子因为天气的缘故有些障碍，很多记忆的光盘出现了马赛克。拿天气做借口或者开场诗，是幽默的英国人的习惯，而我纯粹是因为我脆弱的身体。

后来查了资料，才知道黄易是香港中文大学艺术系毕业的，做过香港艺术馆的助理馆长，和纽约派的大诗人奥哈拉有些相似。不过和奥哈拉比，黄易属于"下里巴人"。不过这不妨碍大家喜欢他。歌剧要听，时代曲也要听。

黄易 1989 年后携着娇妻——不知道娇不娇——跑到一个岛上写他古里古怪的小说。当年金大侠就在舟山那边的桃花岛置了房子，我还凭海眺望过。对岛情有独钟，这让我冒出了一点儿小灵感，说不定会写一篇《大侠与海岛的关系》的论文，弄个博士当当，像胡博士写"小脚和中国文化"那样有趣的题目。不管怎样，远离动感之都的香港，还是蛮清净的。再说还有个好太太帮他打理黄易出版社。

黄易的小说，大体分两部分，从时间上分，一种是古代的，一种是未来的；从内容上分，一种是武侠的，一种是科幻的。而很多时候，这些东西又掺和在一起，好像黄易这个人，有时候就像金庸和倪匡及任天堂的混合体。

说这个人基本上是道听途说，可能不够准。还是把短处藏起，单说很客观的小说吧。如果说得离谱，还可以拿纯粹个人看法当挡箭牌，这其实是我从很多明智的读者那里学来的武功绝技。

黄易出道时间虽然不长，在我们这儿盛行也就是这两年的事，但他的作品还是很多的。我觉得我可以说说这些东西，因为我把他露面的东西都看完了，有的不止一遍。这和当年看金庸、古龙特像。刚看到黄易的时候，忍不住感慨：终于又有东西看了。因为黄易的东西让人快乐，用神经反应学的术语就是它能够引起快感。有点感官的享受，好像就不够理性了，其实只要你想找这种东西，还是能找到的。金庸在这方面已经是个例子，比如《鹿鼎记》和近现代历史，听说最近有人还把韦小宝爵爷和阿 Q 公公放在一起比较。

我看的第一部黄易作品是《寻秦记》。开头有点科幻，后来基本是历史，当然是真历史中的假历史——演义的那种类型。一个现代人乘时空机到古代成了史无前例的大英雄，美人爱他，好汉敬他，最后他想改变历史——英雄做到了这份儿上，是不是就有这么大的野心了？结果他每一步改变历史的计划，最后都促成了历史的完成，最后他懂得了必须尊重历史。这小说的结构，特别像 RPG 游戏[1]，读者可以扮演现代人项少龙，一关一关往下打，有节奏，有动感，虽然语言有时雷同甚至愚蠢得可笑，但是却给人带来了很多的乐趣。

结果，嘿，还真有人把黄易的《破碎虚空》做成了游戏，可是文件太大，我的破电脑根本装不下，只好忍痛送给也喜欢老黄的弟弟。

《星际浪子》是科幻小说，科学成分倒无所谓，但是幻想成分却让人喜欢。可能整个结构不够复杂，但是眼界之宽，让人觉得人够渺小的。他的"泛生命论"也让人琢磨。

虽然黄易小说漏洞百出，但就是好看。他给人最多的是想象力的快乐。他把一个虚拟世界的细节写得那么

1. role-playing game，简称 RPG，是一种角色扮演类的游戏。

富于活力。他的《大唐双龙传》，到现在还没有写完，这成了黄迷的一个悬念。寇仲、徐子陵最后是个什么结局呢？这样两个厉害人物，最后怎么让李世民那厮当了皇帝呢？黄易写完一章，黄迷们就看一章，这很刺激也很痛苦啊。

黄易是继金庸、古龙、温瑞安之后最重要的武侠小说家，虽然他的作品已不是单纯的武侠小说了。

晚霞照耀的时候

　　我很少在线阅读。虽然朋友给我介绍了两三种奇怪的阅读软件，我仍旧喜欢手里捧本活灵活现的书。有些过分的是，嘴里还叼着"中南海"，眼前放着雨前龙井——那是用特快专递寄来的，比李隆基的驿马可是快多了。或者躺在被窝里，听窗外面稀稀拉拉的雨声。而大多数时候，只能听见火车进站的声音，以及分辨不清的市声。心里懒洋洋的，偶尔回忆自己的陈芝麻烂谷子，想想现在街上都有踏着松糕鞋、染着黄头发的新新人类了，忍不住傻笑。

　　但是这天有点儿古怪，自己的专栏页面怎么也打不开。估计是服务器出了问题。服务器在一个很大的岛上，隔那么远，我帮不上什么忙，即使我在现场，恐怕也是添乱。总要做点什么。睡觉？不困；老样子，捧本书？讨厌。在网上晃吧，就像停电之夜大家谈些鬼故事，以活动活动麻木的神经。

忽然间看到礼平写的《晚霞消失的时候》。它当时混在很多小说或者什么网络文学的缝隙里，但我还是一眼看见了它，就像在中央大街的人海中一眼就看见了好看的妹妹。别笑我，我知道我这不是特异功能，只是……只是"唯手熟耳"。

一口气读完，不对，夸张了，中间接了电话，回了两个"伊妹儿"（email，电子邮件），还开了一个工作会议，但还是在晚霞出现之前把它看完了。这速度在新世纪还是不多见的，如果可以比较，也就是读《大唐双龙传》时可以一比。当然诗什么的不算。而且《大唐双龙传》磨磨蹭蹭面世的那副德行让人生厌，仿佛一个死刑犯，判了，就是不执行，就那么拖着，把人拖死了才算完蛋——也是死刑，就是不痛快。

《晚霞消失的时候》大约是 1979 年看的，也许是1980 年，我已经记不清了。但是那个读这本书的少年还住在我脑海帝国的边疆，瘦瘦的，鼻梁上还没有架眼镜。他穿一身绿色的小号旧军装，可能还戴着军绿色的帽子，或者在院子里，骑在套着炮衣的反坦克炮的炮筒上，晃着两条螳螂一样细的腿。他想什么呢？想人？其中可能就有南珊和李淮平。那个乱世中比他年龄大上一两岁的孩子的故事，其中很多东西用今天的眼光看，可能是简单的，也可能是幼稚的，尤其关于宗教的谈论。但是它让人心动，让人心动啊。

怎么心动的，我忘记了，但是还是想起了许多当时的事情，甚至想到了当时邻家女孩小不点儿把小说中公园读外文书的段落抄入自己作文的事情，只是她把"俄文是猪话"中的"俄文"换成了"英文"。老师可能发现了，但是怎么处理的我却忘记了。那所初级中学的东边是一座小山，每到5、6月间就开满了小叶杜鹃。晚霞照耀的时候，连石头都是红色的。

粗粝的素描

　　路遥的《平凡的世界》（三部），一百万字，绝对的长篇巨制。由作者删除四十万字或许更好一些——然而作者已逝，留给我们一幅粗糙然而极其真实的有关20世纪70年代中期至80年代初期的时代肖像。

　　我的建议不仅是出于对小说艺术的尊重，更是对作者心灵深处慈悲情怀的景仰。不必指责作者的局限性，尽管在人文修养以及对现代社会的历史性认识方面，出现了一些由作者与时代共同负责的问题。谁没有局限性？不必绝望，哈金在《伟大的中国小说》中为每一个中国作家指出了工作的方向。作者忠实描述底层生活，无论乡村还是煤矿，无论贫穷还是人性。孙少平以及《人生》中高加林的人物形象，使我们想起法国文学"向上爬"的人物典型：于连·索黑尔。不仅为生存斗争，而且试图将之提升至一个比较高级的生活形态。最致命的是，他们都试图在衣衫褴褛之下顽强地捍卫有限的精神生活——这是最值得同情、关注和赞美的。

作者为他所钟爱的人物涂上了理想色彩，孙少平几乎是一个人生实践的典范，而田晓霞几乎是引导凡人上升的非凡女性，如同贝雅特丽采。也许还不够残酷，也许还不够真实，理想也只不过是一点点微不足道的温情，或者白日梦。做做又有什么关系？

后　记

　　《我站在奥登一边》是我的第一本随笔集。里面的文章，是我从许多文章里挑选出来的。

　　这个挑选过程说难也难，说易也易。难的是文章多，挑选哪篇不挑选哪篇，都需斟酌再三；易的是心如明镜，知书知己。一旦想法确立，事情也就好办了。读当代中国诗的文章大都没选，既有体量限制之因，也有趣味筛选之虑。不遗憾，又不是出了这一本就不再出书了。

　　把全书分成四部分自有考虑，第一部分是对我的写作有影响的书十五篇，第二部分是外国书十四篇，第三部分是杂书十三篇，第四部分是中国书十三篇。所谓杂书只是相对而言，不是复杂的杂，也不是杂七杂八的杂。

　　书里的文章全都写于这三十年间。最早的是《中国孩子和于连·索黑尔》，20 世纪 90 年代中期曾被收入东方出版社的一本中外散文选，里面除了我都是享誉中外的文学大家，当时我还挺骄傲的。最晚的是《用继续对抗沉默》，是去年路易丝·格丽克获诺奖时，应《北京日报》之邀而写的，里面引用的格诗大多是我随手翻译的，只有参考价值。这本书里的文章大多保留最初的标题，只对个别标题做了修订。内容方面，也是只修订了个别处。

书里的文章全都在报刊上发表过。在这里，我尤其要感谢《南方都市报》《新京报》《东方早报》《中国教育报》《北京日报》《黑龙江日报》以及《世界文学》《人物》等报刊的编辑先生和编辑女士，恕我在此不能一一称名道谢，如果没有你们热心而细致的工作，这些文章压根儿就不会出生。再则因我记性衰减，刊登文章的其他报刊也不能一一称名道谢，在此也请一并恕罪，你们的好我全都记在心里了。

书里的文章写得怎样，任由读者诸君评说。不过，我能保证的好处，不仅包括提到的书名，也包括我的部分见解。至少能对您有点儿参考价值吧，无论是正面的价值，还是侧面的或者反面的价值。都说开卷有益，这个卷里也应该包括我的文章吧？就这样。

2021 年 1 月 25 日

全国总经销

捧读文化
触及身心的阅读

出　品　人　　张进步　　程　碧

责任编辑　　　党敏博
特约编辑　　　方黎明　　巩亚男
封面设计　　　陈旭麟 @AllenChan_cxl
内文设计　　　杨瑞霖

出版投稿、合作交流，请发邮件至：innearth@foxmail.com
了解新书，图书邮购、团购、采购等，请联系发行电话：010-85805570